Attitudes pour être heureux

Huit attitudes positives pour transformer votre vie

Distribution:

Pour le Canada:

Les Éditions Flammarion/Socadis
375, avenue Laurier Ouest
Montréal (Québec)
H2V 2K3
Tél.: (514) 277-8807

Pour la Belgique:

Vander, s. a.
321, Avenue des Volontaires
B-1150 Bruxelles, Belgique
Tél.: (32-02) 762-9804

Pour la France:

Dilisco
122, rue Marcel Hartmann
94200 Ivry-sur-Seine
France
Tél.: (1) 49 59 50 50

Diffusion Transat s.a.
Route des Jeunes, 4ter
Case postale 1210
CH-1211 Genève 26
Tél.: (022) 342-7740

Attitudes pour être heureux

Huit attitudes positives pour transformer votre vie

Les éditions Un monde différent ltée
3925, Grande-Allée
Saint-Hubert (Québec)
J4T 2V8
Tél.: (514) 656-2660

Cet ouvrage a été publié en langue anglaise sous le titre original:
THE BE-HAPPY ATTITUDES: EIGHT POSITIVE ATTITUDES THAT CAN TRANSFORM YOUR LIFE!
Published by Key-Word Books, Waco, Texas

Dépôts légaux: 2e trimestre 1993
Bibliothèque nationale du Québec
Bibliothèque nationale du Canada

Conception graphique de la couverture:
SERGE HUDON

Version française:
MESSIER & PERRON INC.

Photocomposition et mise en pages:
COMPOSITION MONIKA, QUÉBEC

ISBN: 2-89225-213-X

«Je souhaiterais avoir lu ce livre il y a très longtemps. Il reprend l'ancienne formule conduisant à une vie heureuse et à la paix du cœur, et Bob Schuller y ajoute une grande éloquence et des exemples tirés de sa propre expérience».

— Paul Harvey
Auteur et commentateur à la radio

«La combinaison des expériences personnelles, de la foi, de l'humour et de l'engagement du docteur Schuller donne une signification nouvelle et pratique à la sagesse des béatitudes. Ce livre est une injection de force et de nourriture spirituelle, et il sera à coup sûr une source de réconfort pour son auditoire national sans cesse plus nombreux».

— Norman Cousins
Doyen de la Faculté de médecine, UCLA

«Un livre optimiste d'espoir et de foi en l'homme et ses possibilités illimitées».

— Jacob K. Javits

Attitudes pour être heureux *touchera le cœur et la vie de nombreux lecteurs. Robert H. Schuller présente une nouvelle lecture des éternelles béatitudes de Jésus et donne la vie aux préceptes profonds mais simples que nous a prodigués l'Homme de Galilée il y a si longtemps. Robert Schuller prend les paroles de Jésus et les transforme en applications modernes qui pourront conduire le lecteur à une foi plus profonde en Dieu et à une existence plus heureuse».*

— Louis Moore
Directeur de la section religion,
Houston Chronicle

Le docteur Robert Schuller nous offre une fois de plus une magnifique recette nous permettant de trouver un bonheur durable. Attitudes axées sur le bonheur *est un livre stimulant dont, je l'espère, on vendra des millions d'exemplaires, car ainsi des millions de gens tireront profit de la sagesse spirituelle du docteur Schuller».*

— Armand Hammer
Président du conseil d'administration
Occidental Petroleum

Aux fidèles de la Cathédrale de Cristal et aux millions d'amis de l'émission de télévision religieuse «The Hour of Power», vous avec qui j'ai ri, pleuré et rêvé. Ensemble, nous sommes passés de la tristesse à la joie, du désespoir à la victoire, ensemble nous avons vu et vécu la vérité des merveilleuses attitudes pour être heureux du Seigneur.

REMERCIEMENTS

Je suis très reconnaissant aux amis et aux êtres chers qui m'ont si gracieusement permis de raconter leur histoire dans ce livre. Ils se joignent à moi dans l'espoir et la prière que les autres trouveront le secret des attitudes pour être heureux. J'exprime aussi ma gratitude à Sheila Schuller Coleman, éditrice de mes messages dominicaux, qui a réuni et organisé mes pensées et mon matériel anecdotique. Son aide, lors de la compilation de ce manuscrit, a été inestimable. Et à Betty Cornell, merci de toutes les heures que vous avez diligemment consacrées à la recherche et au travail de bureau.

TABLE DES MATIÈRES

Introduction.......................... 15

Première attitude pour être heureux 23

«J'ai besoin d'aide,
je ne peux y arriver seul!»
«Heureux les pauvres en esprit,
car le Royaume des Cieux est à eux».

Deuxième attitude pour être heureux 59

«J'ai vraiment mal,
mais je vais me remettre sur pied!»
«Heureux les affligés, car ils seront consolés».

Troisième attitude pour être heureux..... 97

«Je vais rester calme, détendu et correct».
«Heureux les doux,
car ils recevront la terre en héritage».

Quatrième attitude pour être heureux.... 129

«Je veux vraiment faire ce qu'il faut!»
«Heureux les affamés et assoiffés de justice,
car ils seront rassasiés».

Cinquième attitude pour être heureux ... 161

«Je vais traiter les autres comme
je voudrais être traité».
«Heureux les miséricordieux,
car ils obtiendront miséricorde».

Sixième attitude pour être heureux 193
«Je dois laisser la foi circuler librement en moi».
«Heureux les cœurs purs, car ils verront Dieu».

Septième attitude pour être heureux 221
«Je serai constructeur de ponts».
«Heureux les artisans de paix, car ils seront appelés fils de Dieu».

Huitième attitude pour être heureux..... 261
«Je peux choisir d'être heureux, quoi qu'il arrive!»
«Heureux les persécutés pour la justice, car le Royaume des Cieux est à eux».

INTRODUCTION

Le bonheur! Il n'est pas facile à trouver, n'est-ce pas?

Combien de fois avez-vous pensé:

- Si seulement j'avais une automobile,
  je serais satisfait!
- Si seulement je pouvais trouver quelqu'un qui m'aime vraiment,
  je pourrais être heureux!
- Si seulement je n'avais pas tant de difficultés financières,
  je serais satisfait!
- Si seulement...
- Si seulement...

Voici ce que j'ai à vous dire aujourd'hui: Tous les «si seulement» du monde, même s'ils se concrétisaient, ne pourraient vous garantir le bonheur!

Comme nous l'avons tous découvert un jour ou l'autre, les voitures, les maisons, les bijoux et autres biens matériels n'apportent pas un bonheur durable. Après la joie intense que nous ressentons au moment où nous recevons quelque chose que nous désirons depuis longtemps, nous devons faire face aux problèmes particuliers qui accompagnent tout gain.

Jamais je n'oublierai le jeune homme qui désirait ardemment une Ferrari. Il en rêvait. Il se voyait derrière le volant. Il pouvait imaginer l'odeur du cuir doux et souple. Il sentait déjà la puissance du moteur sur la route.

Puis la chose se produisit. Il obtint la promotion qu'il voulait, accompagnée d'une augmentation substantielle de salaire. Il allait enfin pouvoir réaliser son rêve.

Noire et scintillante, la Ferrari brillait lorsqu'il la sortit de la salle de montre. Son rêve était devenu réalité. Il était fou de joie!

La conduite était merveilleuse et le jeune homme adorait l'attention dont il faisait l'objet de la part de jeunes hommes envieux et de belles jeunes filles. Mais les versements étaient élevés. Il consacrait toute son augmentation et même plus à la voiture. Les jeunes filles qui avaient été attirées par la voiture, s'attendaient à être invitées dans de coûteux restaurants. Elles s'attendaient à des cadeaux onéreux. Et les préposés au stationnement espéraient de gros pourboires.

Puis vint le temps de payer pour l'entretien de la voiture. Il ne savait pas qu'une simple lubrification coûtait si cher. Il parvenait à payer, mais ses frais le conduisaient à la ruine.

Mais cela en valait la peine! Il avait sa Ferrari, la voiture de ses rêves!

Le jeune homme aimait laver et cirer sa Ferrari et voir le soleil briller sur la carrosserie polie. Mais quelques mois plus tard, il remarqua que la peinture avait été endommagée à quelques endroits et que les portières étaient égratignées.

Il commença à se fatiguer de l'attention et des exigences que lui valaient sa voiture et ses nouveaux amis. En fait, il commençait à se demander qui les filles fréquentaient, de sa voiture ou de lui.

Cette automobile, la fierté et la joie du jeune homme, la source de son bonheur, devenait de plus en plus une source de déception et de dépression, de même qu'un fardeau. Il n'avait absolument pas prévu ce genre de déception. Il avait cru que cette automobile lui vaudrait un bonheur éternel. Mais ce n'était pas le cas.

Une nouvelle question se mit soudain à le hanter: «Serai-je jamais heureux? Serai-je jamais satisfait?»

Les biens matériels n'apportent pas le bonheur. Les gens qui cherchent le bonheur dans l'argent, l'immobilier, les possessions matérielles ou les investissements s'exposent à de mauvaises surprises. Tout l'argent du monde ne peut acheter le bonheur.

J'ai connu des gens très riches, et ils ont autant de problèmes que vous et moi. Ils ne sont pas plus heureux que vous et moi. En fait, la richesse apporte souvent plus de problèmes et

*«Les attitudes
ont plus d'importance
que les faits!»*

Karl Menninger

moins de bonheur. Les gens riches sont souvent seuls et méfiants.

Si la richesse ne peut garantir le bonheur, qu'en est-il de la célébrité?

J'ai connu des gens célèbres, et plusieurs d'entre eux vivent dans le désespoir. Je suis certain que vous pouvez penser à plusieurs vedettes du cinéma et de la scène dont les noms étaient connus de tous, qui avaient atteint le sommet de la gloire, mais qui étaient si malheureuses qu'elles ont fini par se suicider.

Où doit-on chercher le bonheur?

- *La richesse*? Elle exige plus que de l'argent.
- *La reconnaissance*? La gloire ne dure pas!
- *Les relations*? Même les gens qui vous aiment vous laisseront parfois tomber.
- *Les drogues sociales*? Elles créent des habitudes qui n'entraînent que des problèmes!

Alors comment trouver le bonheur? Il ne se trouve pas dans la richesse, la reconnaissance, les relations ou les drogues sociales, mais dans une *réadaptation des attitudes mentales*!

C'est de cela que traite ce livre, du *pouvoir d'une attitude mentale réadaptée qui peut transformer la vie*! Voilà de bonnes nouvelles: les mauvaises nouvelles peuvent se transformer en bonnes nouvelles si vous adaptez votre attitude par rapport à vos difficultés.

Dans ce livre:

- Vous entendrez parler de gens qui ont fait précisément ce que nous conseillons!
- Nous vous présenterons huit lois spirituelles, enseignées et mises en pratique par le Christ, qui vous aideront à réorienter et à réadapter votre attitude!
- Vous serez encouragé à vous engager à réagir positivement dans les moments négatifs!

Ce livre transformera complètement votre vie si vous pouvez apprendre à vivre conformément aux attitudes pour être heureux.

Que sont les attitudes pour être heureux? Vous en avez probablement entendu parler sous le nom de «béatitudes». Ce sont les huit attitudes positives découlant des huit éléments de l'introduction du célèbre «Sermon sur la Montagne» prononcé par Jésus de Nazareth:

- «Heureux les pauvres en esprit, car le Royaume des Cieux est à eux».
- «Heureux les affligés, car ils seront consolés».
- «Heureux les doux, car ils recevront la terre en héritage».
- «Heureux les affamés et assoiffés de justice, car ils seront rassasiés».
- «Heureux les miséricordieux, car ils obtiendront miséricorde».

- «Heureux les cœurs purs, car ils verront Dieu».
- «Heureux les artisans de paix, car ils seront appelés fils de Dieu».
- «Heureux les persécutés pour la justice, car le Royaume des Cieux est à eux».

Le terme qui revient constamment est «heureux». Donc, que nous gagnions ou que nous perdions, que nous réussissions ou que nous échouions, que nous soyons enthousiaste ou déprimé, que nous soyons heureux ou que nous souffrions, nous pouvons être heureux si nous découvrons les huit attitudes positives que Jésus nous offre dans les béatitudes.

L'architecte, Philip Johnson, qui a conçu la Cathédrale de Cristal, croit que la partie la plus importante de toute structure est le lieu où la personne «pénètre» dans l'expérience.

Ce que l'accès à la porte est à un édifice...

Ce que l'ouverture est à une symphonie...

Ce que le premier service est au tennis...

Ce que l'entrée principale est à un lieu...

Ce que le glorieux baptême est à un navire...

Ce que la première remarque est à une discussion...

Ce qu'est la première impression à une nouvelle relation...

Ce qu'est le premier numéro à un spectacle...

Voilà ce que sont ces huit vertus classiques des enseignements de Jésus. «Classiques» car elles ont subi avec succès l'épreuve du temps, car depuis plus de 2 000 ans, elles ont transformé l'esprit, l'humeur et les manières des hommes et des femmes.

Quel est leur secret? Pourquoi n'ont-elles jamais été surpassées comme thérapies permettant de lutter contre la dépression? Nous le savons aujourd'hui! L'analyse est probante. Le secret est connu. Chacune d'elles contient la motivation spirituelle permettant de transformer l'attitude d'un être humain. En fait, nous sommes en présence d'un exercice thérapeutique permettant de remplacer des attitudes négatives en attitudes positives. Oui, voilà, inégalées dans la littérature pratique, huit attitudes positives qui ont le pouvoir de transformer la vie, quelle qu'elle soit! Découvrez-les! Mettez-les en pratique! Profitez de la vie grâce à ces «attitudes pour être heureux».

PREMIÈRE ATTITUDE POUR ÊTRE HEUREUX

«J'ai besoin d'aide, je ne peux y arriver seul!»

«Heureux les pauvres en esprit,
car le Royaume des Cieux est à eux».
(Matthieu 5,3)

«Qui est heureux de nos jours? Tout le monde a tellement de problèmes!» lança-t-elle.

J'avais vu le reporter de la télévision aborder cette femme dans les rues de New York. Elle était de toute évidence très pressée et très tendue. L'intervieweur lui avait simplement demandé si elle était heureuse. Et tout ce que je pouvais voir sur mon écran, c'était la triste image d'une femme de mauvais caractère et colérique dont l'attitude négative m'agaçait.

J'aurais voulu lui dire: «Attendez un peu, qui que vous soyez! Le bonheur ne consiste pas à avoir ou non des problèmes. Tout le monde a des problèmes, et pourtant tout le monde n'est pas malheureux!»

Le bonheur ne dépend pas du fait que nous ayons ou non des problèmes, pas plus qu'il ne dépend de la richesse matérielle. Il y a des gens qui sont heureux même s'ils possèdent très peu. Il y a aussi des gens qui, même s'ils sont immensément riches, sont malheureux.

J'ai déjà rendu visite, chez lui et à son bureau, à un homme dont la fortune personnelle est évaluée à des dizaines de millions de dollars. Et pourtant, cet homme a des problèmes financiers. Il a des problèmes de capitaux. Sa fortune est «immobilisée» sous forme d'investissements. Il gagne un salaire faramineux, qui lui sert en grande partie à payer une hypothèque tout aussi importante.

«Oh, dites-vous, je changerais volontiers sa sécurité financière pour mon insécurité financière».

À cela, je réponds: «La sécurité financière n'existe pour personne. Plus nous en avons, plus nous risquons d'en perdre.»

Alors où trouver cette insaisissable attitude pour être heureux? Comment échapper aux difficiles problèmes qui nous privent de joie? Où guérir notre cœur blessé? Cette question est d'une importance capitale, car trop souvent, les gens vont chercher l'aide dont ils ont besoin au mauvais endroit.

J'adore l'histoire de l'homme qui alla consulter son médecin. Le médecin lui dit: «Je suis certain d'avoir la solution à votre problème».

L'homme répondit: «Je l'espère beaucoup, docteur. J'aurais dû vous consulter il y a longtemps».

Le médecin demanda: «Où êtes-vous allé auparavant?

— Je suis allé chez le pharmacien».

Sourire en coin, le médecin demanda alors:

«Et quel genre de conseil ridicule vous a-t-il donné?

— Il m'a dit de venir vous consulter!»

Il nous arrive trop souvent de nous retrouver aux mauvais endroits. Si vous avez un problème d'ordre médical, consultez votre médecin. Si votre problème est un esprit malheureux, alors j'ai un médecin spirituel à vous recommander. Il s'appelle Jésus-Christ. Croyez-moi, Jésus-Christ était une personne très joyeuse. Il avait des problèmes, mais il savait y faire face de façon créatrice et constructive.

Suivez-moi tout au long des huit prochains chapitres. En examinant les béatitudes — les attitudes pour être heureux — de Jésus-Christ, vous découvrirez la clé du bonheur utilisée par le Seigneur.

Le bonheur est une possibilité fantastique! Oui, même si nous avons des problèmes! Des problèmes financiers? Attendez un peu! Notre réaction à notre situation financière est beaucoup plus importante que la réalité de cette situation.

Après tout, la pauvreté n'est pas uniquement une question financière! Chacun de nous doit faire face à une sorte de pauvreté; nous avons tous des besoins dans la vie. Il peut s'agir de pauvreté financière. Mais il peut aussi s'agir de pauvreté professionnelle, d'insuccès au travail ou simplement d'une absence de direction, ou de buts. Il peut s'agir de pauvreté ...uelle ou émotionnelle.

Jésus commence les béatitudes par un formidable principe lié à cette question de la pauvreté: «Heureux les pauvres en esprit, car le Royaume des Cieux est à eux.» Le secret, pour ce qui est de réussir sa vie, est bien simple: vous et moi devons trouver notre point faible, notre zone d'ignorance, notre type de pauvreté. Ensuite, il nous faut devenir «pauvres en esprit», faire face à notre pauvreté, devenir plus humbles, accepter nos faiblesses, demander de l'aide.

PAUVRETÉ PROFESSIONNELLE

Chacun est pauvre à sa manière. Votre pauvreté est peut-être de nature professionnelle. Si vous ne faites que commencer dans la vie, il vous manque probablement un rêve. Vous devez savoir comment trouver un rêve professionnel et comment le poursuivre. Si vous possédez déjà un but que vous vous efforcez d'atteindre, il vous manque peut-être un support émotionnel qui puisse vous conduire au succès.

Si vous réussissez très bien, si vous croyez être arrivé au sommet, peut-être avez-vous également un besoin. Quel est-il? Il s'agit peut-être de décider où vous irez à partir d'ici et ce que vous ferez de votre succès.

Si le succès professionnel vous semble insaisissable, alors la première des attitudes pour être heureux vous est destinée, car vous connaîtrez le bonheur lorsque vous abandonnerez votre arrogance et vous demanderez de l'aide. L'orgueil nous empêche d'aller vers les autres; la cupidité nous arrête aussi. Nous refusons de partager avec d'autres le mérite de notre réussite. Permettez-moi de vous confier une précieuse phrase que j'ai mémorisée il y a longtemps: «Dieu peut faire des merveilles par le biais de la personne qui ne cherche pas à s'accorder tout le mérite de la réussite».

Si vous êtes prêt à accepter cette prémisse, vous êtes prêt à embaucher des gens hautement qualifiés dans votre entreprise, des gens qui vous conduiront à la réussite. Ils en tireront peut-être tout le mérite, mais vous aurez réussi, et non seulement vous serez-vous aidé, mais vous serez venu en aide à tous les gens qui vous entourent.

Assumée de façon agréable et positive, la pauvreté est une occasion de faire participer des gens bons et généreux à la poursuite de nos rêves, car souvent les forts apprécient les occasions qui leur sont offertes d'aider les faibles. Les riches donnent un nouveau sens à leur vie lorsqu'ils ont l'occasion de participer à un projet valable ou de travailler avec une personne valable. Aujourd'hui, je jouis de l'amitié de merveilleuses personnes dont j'ai fait la connaissance lorsque j'ai dû leur demander leur aide pour construire la Cathédrale de Cristal ou répandre la bonne parole à la télévision.

J'ai eu de la chance parce que j'ai été pauvre, assez pauvre pour avaler ma fierté et demander humblement de l'aide. Le résultat? J'ai non seulement réussi à atteindre mes buts professionnels, mais j'ai noué des amitiés durables avec les gens qui m'ont aidé à réussir.

Alors ne soyez pas sur la défensive concernant vos problèmes en tentant de les dissimuler ou de prétendre qu'ils n'existent pas. Cette attitude se révélera probablement futile et vous finirez par payer très cher. Pour faire face à votre pauvreté, il vous suffit de dire: «J'ai besoin d'aide».

PAUVRETÉ INTELLECTUELLE

Lorsque je fréquentais le Hope College à Holland, au Michigan, j'ai étudié l'économie avec le docteur Edward Dimnent. On disait du docteur Dimnent qu'il était si brillant et si cultivé qu'il aurait pu donner n'importe lequel des cours de l'université. Il aurait pu enseigner la biologie, la chimie, la physique, tout autre cours de science, ou même enseigner les arts ou les lettres.

Pour couronner le tout, il était aussi l'architecte de la chapelle du collège! Une telle expertise était possible voilà 40 ans. Aujourd'hui, c'est impossible. Cela est simplement attribuable au fait que les connaissances accumulées dans ce monde sont trop importantes pour qu'un seul esprit puisse les assimiler. De plus, la rapidité

Vous n'échouerez jamais,
à condition
d'être conscient
de ce qui vous manque.

avec laquelle les connaissances continuent de s'acquérir par le biais de la recherche interdit à quiconque de tout apprendre.

Par conséquent, on peut s'attendre à une plus grande humilité de la part des intellectuels qu'il y a 20 ou 30 ans. Il semblerait logique qu'une telle accumulation de savoir marque la fin de l'élitisme intellectuel et de l'arrogance des milieux du savoir. Je ne suis pas certain que tel soit le cas. Mais ce qui importe, c'est que tout le monde ignore quelque chose. *Tout le monde a sa pauvreté intellectuelle.*

Permettez-moi de recourir à une illustration personnelle. Je fréquentais une petite école secondaire de campagne en Iowa où l'on ne dispensait pas de cours de géométrie. Lorsque j'ai commencé mes études au Hope College, au Michigan, j'ai découvert que tout le monde devait faire huit heures de science et que les cours de mathématiques faisaient partie de ces exigences.

Dès lors, j'ai dû m'inscrire à un cours de mathématiques. La première semaine, le professeur se mit à citer des principes qui avaient trait à la géométrie. Or, je n'avais jamais étudié la géométrie, et je ne comprenais pas de quoi il parlait. J'ai remarqué que les autres étudiants acquiesçaient, indiquant qu'ils comprenaient tout, alors j'ai décidé de faire comme eux, me disant: «J'y verrai plus tard». La semaine suivante, la chose se reproduisit. Je n'avais pas la moindre idée de ce dont parlait le professeur, alors je fis semblant de comprendre comme mes camarades. Mais mon premier test me trahit. Ma note laissait à désirer.

Mon professeur me demanda gentiment: «Tu as des problèmes, Bob?»

Je répondis: «Oh non, ça va très bien».

J'avais menti. Si j'avais été honnête, j'aurais avoué que mes cours pré-universitaires comportaient une énorme lacune. Mais je ne voulais pas l'admettre, car je craignais de paraître stupide aux yeux de mon professeur. C'est l'une des plus grandes erreurs que j'aie jamais commises.

La pauvreté peut-elle représenter une possibilité positive? Oui, si elle m'amène à demander humblement de l'aide. Si j'avais réagi honnêtement, ouvertement, et avais avoué ma lacune à mon professeur, je crois qu'il aurait fait l'impossible pour m'aider! Après tout, le besoin le plus profond de l'être humain est celui d'être nécessaire. L'aveu de ma pauvreté aurait pu se transformer en une possibilité positive de véritable apprentissage. J'aurais pu obtenir un «A» plutôt qu'un «D» si j'avais appris cette leçon: le succès commence lorsque j'ose avouer que j'ai besoin d'aide!

J'ai vu des gens remettre sur pied leur entreprise, se mériter des diplômes et sauver leur mariage par le biais de cette attitude d'humilité et d'espoir. Et j'ai vu falicités les rapports entre parents et adolescents.

John avait 16 ans. Il n'aimait pas la façon dont son père et sa mère le traitaient et lui parlaient de haut. Que faire? Il pouvait partir de la maison, mais la situation n'était pas si mauvaise que cela. Alors il tenta d'oublier le problème en se renfermant sur lui-même et en refusant d'en parler.

John devint de plus en plus silencieux et taciturne. Alors ses parents se mirent en colère. «Pourquoi ne parles-tu pas?» lui demandaient-ils. Mais John se bornait à hausser les épaules.

«Quelque chose ne va pas?» lui demandaient ses parents.

«Non», murmurait John.

— Tu as quelque chose à nous reprocher?

— Non.

— Pourquoi ne parles-tu pas?

— Que voulez-vous que je vous dise?»

La situation en resta là, jusqu'au jour où John prit au sérieux cette béatitude et se rendit compte qu'il était beaucoup plus intelligent de dire:

«Papa, maman, je n'aime pas la façon dont vous me traitez». Ce fut le début de rapports honnêtes et ouverts avec ses parents.

Bien sûr, les parents ont aussi besoin de cette béatitude. Je conseille aux parents de ne pas craindre d'être transparents avec leurs enfants. Montrez-leur vos faiblesses. Ne leur donnez pas l'impression que vous êtes parfaits. Évitez d'a-

Quelle est cette douleur?
C'est celle
d'une nouvelle attitude
qui s'efforce de naître.

voir des attentes si grandes que vos enfants ne pourront jamais être à la hauteur. Et puis soyez ouverts. Faites-leur part de vos problèmes de parents. Demandez à votre adolescent: «Comment règlerais-tu ce problème si tu étais à ma place?»

PAUVRETÉ ÉMOTIONNELLE

Cherry Boone O'Neill, la fille de mon ami Pat Boone, parle de la lutte qu'elle a menée contre l'anorexie nerveuse dans son livre intitulé *Starving for Attention.** Lorsqu'elle a appris à faire face à sa pauvreté émotionnelle et à s'aimer et s'accepter au niveau le plus profond, Cherry a été en mesure de surmonter un mal terrible et bien plus répandu qu'on ne le croit généralement.

L'anorexie, qui consiste à s'affamer soi-même, est une maladie psychosomatique qui prend naissance au niveau émotionnel et psychologique, pour ensuite s'étendre au niveau physique. Au moment où cette maladie se manifeste physiquement, on a besoin d'aide professionnelle, car la manifestation externe — l'importante perte de poids — est tout bonnement un symptôme de ce qui se passe intérieurement.

Cherry déclare: «J'ai maigri jusqu'à peser 36 kg. Je fondais. Je me suicidais à petit feu, parce

* Continuum Publishing Co., New York, 1982.

que je me détestais vraiment. Il me semblait qu'il était impossible que Dieu m'aime, compte tenu de ce que je m'infligeais à moi-même, ainsi qu'aux gens que j'aimais. Il me restait simplement un petit espoir que Dieu existe et qu'il y avait un moyen de me sortir de là. À certains moments, je priais et je demandais de mourir, car je n'avais pas l'impression de pouvoir m'en sortir.

«Mais mes parents et mon mari m'ont aidée. Ils ont vécu tous mes problèmes avec moi. Finalement, nous avons bénéficié d'une psychothérapie professionnelle de la part d'un psychiatre chrétien. Mon mari et moi sommes déménagés dans la région de Seattle, et après six mois de thérapie intensive, j'ai commencé à me sentir mieux.

«Je crois, sans l'ombre d'un doute, que Dieu m'a guidée vers le bon médecin au bon moment, car en six mois je suis passée d'un désir de mourir à un désir de vivre, et j'ai appris qu'il y avait des choses en moi qui étaient aimables malgré mes actes et mon apparence.

«Le Seigneur m'a vraiment choyée. Il m'a tirée d'un mal aussi terrible et difficile que l'anorexie. Il m'a donné une merveilleuse petite fille, et maintenant que je vais mieux je puis communiquer de l'espoir aux gens qui souffrent de ce mal. Il y a près d'un million de personnes aux États-Unis qui souffrent d'anorexie. Et ces gens, tout comme les gens obèses, ont un problème commun, car tous les désordres liés à l'alimentation ont une même origine. Cela est rattaché de près à une piètre estime de soi».

«Heureux les pauvres en esprit...» Ainsi, Cherry Boone O'Neill il est heureuse. Elle a osé avouer qu'elle manquait d'estime de soi, qu'elle ne pouvait résoudre son problème sans aide. Aujourd'hui, elle est heureuse avec sa famille, sa vie et surtout, avec elle-même.

Nous sommes heureux quand nous faisons face à nos lacunes émotionnelles, quand nous admettons nos faiblesses. Nous sommes heureux quand nous ne tentons pas de nous isoler et de tout faire seul.

ADMETTEZ VOTRE BESOIN.
CE N'EST PAS FACILE, MAIS C'EST NÉCESSAIRE!

Dans tous les domaines, le principe est le même: *Le bonheur nous appartient lorsque nous avouons nos lacunes et nos besoins.*

Je me souviens de l'époque lointaine où E. Stanley Jones organisait des «ashrams», comme il les appelait. C'est un terme qui vient de l'Inde. Il signifie «période de croissance spirituelle et d'expansion». Le docteur Jones commençait toujours ses ashrams en distribuant des feuilles de papier et en disant: «Nul ne verra ce que vous allez écrire sur ce papier. Je veux que vous y notiez votre besoin d'aujourd'hui».

Cela se produisait à chaque ashram. Alors que les gens réfléchissaient, priaient et écrivaient, quelqu'un disait: «Frère Stanley, je n'ai pas de besoin. Qu'est-ce que je dois écrire si je n'ai aucun besoin?» Et frère Stanley de répondre: «Si vous croyez ne pas avoir de besoin, c'est *cela* qui constitue votre besoin!»

S'il est vrai que chacun de nous souffre d'une quelconque forme de pauvreté dans sa vie, pourquoi sommes-nous si réticents à l'admettre? Consciemment, et parfois de façon subconsciente, nous développons des mécanismes de défense à cet égard. Nous essayons de nous cacher, et surtout de dissimuler nos vulnérabilités.

Nous hésitons à avouer nos besoins parce que nous craignons d'être rejetés. Nous avons peur d'être ridiculisés publiquement. En fait, le problème est plus profond que cela. Il s'agit d'un manque fondamental d'estime de soi. Nous craignons l'absence de dignité qui accompagne le rejet ou l'embarras.

Ce que nous devons comprendre, c'est que nous n'avons pas à craindre l'embarras ou le rejet. *Ce que nous devons craindre, ce sont les conséquences de la dissimulation de nos lacunes, nos besoins, notre pauvreté.*

Vous vous rappelez sans doute l'époque, il y a plusieurs années, où le chanteur populaire Tony Orlando a lancé: «J'abandonne» au beau milieu d'un spectacle, avant de quitter la scène, à la surprise de l'auditoire, des gens de la presse, et même de ses camarades de métier, le groupe «Dawn».

Peu après, nos routes se sont croisées et Tony m'a raconté ce qui s'était passé ce soir-là.

«Lorsque j'ai craqué sur cette scène — et c'est précisément ce qui s'est passé — je n'arrivais simplement plus à me tenir debout. Je disais des choses peu flatteuses de ma famille. Elles étaient peu élogieuses pour ma grand-mère, qui m'avait élevé, et pour ma mère, qui avait désespérément tenté de m'inculquer de la profondeur et du caractère.

«Puis le silence s'est installé. Ce silence était si fort qu'il semblait être le fait de Dieu. À mon avis, il s'agissait de ma conscience et cette conscience était la voix du Seigneur qui disait: «Tony, tu dois prendre soin de toi-même». Dans mon cœur, je me disais: «Je dois récupérer. Je dois me reconstruire».

«Alors j'ai dit à tout le monde: «J'abandonne», alors que, sans m'en rendre compte, ce que je disais vraiment c'est: «Je dois recommencer à zéro».

«Bien sûr, les journalistes ont dramatisé ma sortie de scène et embelli mes paroles pour me faire dire: «Je laisse le monde du spectacle».

«Avec du recul cependant, je peux dire honnêtement que je n'ai pas vraiment abandonné. J'ai simplement arrêté pendant un moment».

Puis Tony a repris le credo du penseur axé sur la possibilité:

«Face à une montagne,
Je n'abandonnerai pas!
Je vais persévérer
Jusqu'à ce que je la franchisse,
Jusqu'à ce que je trouve un passage,
Un tunnel,
Ou je vais transformer
La montagne en une mine d'or
Avec l'aide de Dieu!»

Il ajouta: «J'ai abandonné alors que le Christ n'était pas dans ma vie. Mais j'ai repris cette vie glorieuse, ce métier illustre en me disant qu'il n'est pas question que j'abandonne lorsque je dis: «Seigneur, je suis désolé de vous avoir offensé. Mais je n'étais pas votre ami et je ne savais pas que vous m'aimiez à ce point. J'ai eu tort. Jamais plus je n'abandonnerai. Je vais persévérer jusqu'à ce que je trouve un passage, un tunnel, ou je transformerai tout simplement la montagne en mine d'or».

«Jusqu'à ce jour, je crois que ma carrière est plus que jamais une mine d'or.»

LE COMMENCEMENT D'UN NOUVEAU COMMENCEMENT

«Heureux les pauvres en esprit...»

Comment cette attitude pour être heureux peut-elle nous changer, vous et moi? En nous poussant à apprendre la puissance de deux miraculeux aveux: (1) «J'ai besoin d'aide!» et (2) «Je suis désolé!»

«J'ai besoin d'aide!»

- «J'ai un problème, pouvez-vous m'aider?»
- «Je ne comprends pas, pouvez-vous m'éclairer?»
- «Je ne suis pas d'accord avec vous, pouvez-vous faire une concession?»
- «J'ai du mal à accepter cela, pouvez-vous revenir un peu sur vos positions?»
- «Je suis vraiment désorienté, pouvez-vous me diriger?»
- «Je suis sur le point de laisser tomber, que me conseillez-vous?»
- «Je suis à bout! Dites-moi ce que je dois faire à votre avis».

Ces formes d'aveux marquent le commencement d'un nouveau commencement! Examinons le miraculeux pouvoir qui nous est offert lorsque nous apprenons à dire: «J'ai besoin d'aide.»

Si vous vous sentez piégé, perdu, cloué sur place par les difficultés, j'ai de bonnes nouvelles pour vous. Votre situation peut vous conduire à un changement si vous êtes prêt à prononcer ces cinq mots: «J'ai besoin d'aide».

«Heureux les pauvres en esprit». Heureux celui qui sait où se situe sa pauvreté et se montre très ouvert à ce sujet. Le succès appartient à la personne capable de demander de l'aide. Ce qui est étonnant, c'est que l'aveu de votre besoin d'aide ne nuit aucunement à votre ego. Au contraire, il vous procure une intégrité émotionnelle et intellectuelle telle que les gens sont portés à vous faire confiance et à être de votre avis. Dans le processus, vous acquérez une formidable estime de vous-même.

Nous pouvons aussi faire semblant, faire comme si de rien n'était, prétendre être quelqu'un que nous ne sommes pas et espérer que personne ne nous surprendra jamais sans notre masque, sans nos cheveux bien coiffés, sans défense. Jamais vous n'obtiendrez l'aide dont vous avez besoin en mentant, en prétendant ne pas avoir de problèmes ou en espérant que ces problèmes se dissiperont d'eux-mêmes.

En vérité, il y a actuellement quelqu'un qui aurait beaucoup de plaisir à vous aider si seulement cette personne savait quelle est votre lacune. Mais si vous prétendez que tout va bien, que vous n'avez pas de problèmes, cette personne ne pourra jamais vous épauler.

Il y a toujours quelqu'un qui est prêt à aider ses semblables. Les Alcooliques Anonymes le professent depuis des années. Une personne ne peut régler son problème que lorsqu'elle ose enfin avouer: «Je suis pauvre. J'ai un problème. J'ai besoin d'aide». Lorsque nous en venons là, nous sommes prêts à laisser Dieu se charger de nos soucis.

Une personne très en vue qui a surmonté son alcoolisme après une longue bataille constitue une illustration poignante de ce fait. Elle dé-

Si vous êtes trop fier
(ou trop craintif)
pour admettre
que vous avez mal,
ne soyez pas surpris
si personne ne semble
s'en soucier.

clarait: «Je me suis battue pendant des années contre mon problème d'alcool. Je me disais constamment: «Je peux contrôler ma consommation d'alcool». Je refusais d'accepter le fait que j'étais alcoolique. Je remettais la solution au lendemain. Je me disais: «Un jour je vais diminuer ma consommation. J'en suis capable». C'est en atteignant le fond du baril que j'ai pu admettre mon échec pour ensuite prononcer les cinq mots les plus difficiles que j'aie jamais eus à prononcer: «J'ai besoin d'aide!»

Cela donne vraiment de bons résultats. J'en parle par expérience. J'ai grandi au sein d'un famille en Iowa où il y a toujours eu du pain et du beurre sur la table. Il y a toujours eu de la tarte et d'autres desserts en abondance. Par conséquent, petit, j'étais plutôt gras et j'ai dû lutter contre l'embonpoint en grandissant. J'ai essayé des régimes. J'ai calculé les calories. (Je le fais encore). Mais les kilos s'accumulaient avec les années. Finalement, j'ai décidé de ne manger que des viandes maigres, des légumes et des fruits frais pour le dessert.

Puis, un soir, il y a près de sept ans, je fus invité au restaurant. On passa la corbeille à pain. «Touche-le», me dit mon hôte. Je le touchai. Il était doux et chaud. Mon voisin de table était déjà en train d'étendre du beurre qui fondait sur son pain chaud et odorant. Mon hôte continua de me tenter. Il me dit: «Tu dois essayer le steak avec la sauce béarnaise». Je suivis son conseil.

Au moment du dessert, je me sentais un peu coupable. Cette fois, mon hôte me dit: «Ils font la meilleure tarte qui soit ici. Elle est au chocolat. Tu ne peux t'en priver. Tu te mettras au régime demain». Je pris de la tarte.

En sortant, je calculai que j'avais consommé environ 3 000 calories. Ce soir-là, je me mis au lit très déprimé et plein de remords. Je me réveillai à 2h du matin. La culpabilité m'empêchait de dormir. Je ressentais une impression d'impuissance, car dans ce domaine, la pensée positive n'était même pas efficace. J'avais pu construire des églises, des tours, et même une cathédrale. Je pouvais écrire des livres, mais je ne pouvais maigrir. Je pouvais amasser des millions de dollars pour accomplir l'œuvre de Dieu, mais je ne pouvais résister à un morceau de tarte au chocolat.

Dans l'obscurité de la nuit, je fis cette simple prière: «Oh, Jésus, je ne sais si tu es vivant ou mort. Je ne sais même pas si tu es réel! J'ai cru en toi! J'ai prêché ta parole! Mais je n'arrive pas à contrôler mon poids. Jésus, si tu existes, peux-tu m'aider?»

Pauvre en esprit, j'ai avoué ma lacune. Et instantanément, une image m'a traversé l'esprit. J'ai vu la vieille rivière Floyd sur la ferme familiale en Iowa. L'eau montant le long des pentes gazonnées. Au milieu du courant se trouvait un grand arbre qui avait été déraciné. Il descendait avec le courant. Je compris que cet arbre, c'était mon corps.

Les hautes rives où l'eau clapotait me semblaient très invitantes. Elles ne paraissaient pas sauvages. Elles semblaient sûres. Mais si je m'approchais de la rivière, elle risquait de m'emporter. Il en était de même du beurre, de la crème glacée, du gâteau. Je pouvais en prendre une bouchée, persuadé de pouvoir m'arrêter ensuite. Mais la bouchée était toujours suivie d'une seconde, puis d'une troisième... Une inoffensive petite bouchée était en train de me détruire. Alors j'ai entendu le message. Il était au passé composé. «Je t'ai sauvé de la destruction».

Je devais me retenir de goûter, de prendre de petites bouchées qui conduisaient à des repas entiers. Je me suis transformé intérieurement. J'ai alors compris que j'avais été libéré de forces subconscientes qui faisaient de moi un mangeur invétéré de desserts. J'ai encore des hauts et des bas, mais jamais je ne suis retombé aussi bas qu'à l'époque.

Le Seigneur m'a aidé à partir du moment où j'ai avoué que je ne pouvais réussir sans lui. Tant que je croyais que je pouvais prendre une bouchée ici et là, j'étais condamné. Mais lorsque j'ai demandé de l'aide, j'ai été sauvé!

«Heureux les pauvres en esprit, car le Royaume des Cieux est à eux».

«Je suis désolé!»

Lorsque vous apprendrez à faire un tel aveu, vous trouverez le bonheur, car vous découvrirez

Si votre vie est vraiment
un fouillis,
rappelez-vous ceci:
Le stress peut être le début
d'un véritable succès!

le miraculeux pouvoir de l'honnêteté. Vous et moi sommes libres lorsque nous avouons que nous avons eu tort. Plutôt que d'être égoïstes, nous nous efforçons d'être intègres, nous sommes sur la voie du bonheur véritable. Car l'intégrité nourrit l'estime de soi. Nous sommes fiers d'avoir été ouverts, honnêtes et humbles. Au contraire, l'égoïsme est une menace constante qui finit par détruire l'estime de soi!

En optant pour l'intégrité, nous ne sommes plus esclaves du perfectionnisme. Alors nous ne sommes pas embarrassés lorsque nous sommes surpris à commettre des erreurs. Lorsque nous faisons une erreur, il nous suffit de dire: «Je suis désolé». Nous pouvons dire aux gens que nous avons blessés: «Je suis un être humain. Le Seigneur m'a pardonné. Je me suis pardonné. J'espère que tu me pardonneras aussi».

Jamais je n'oublierai le matin où j'ai demandé à Sheila, ma fille aînée, de laver la vaisselle du petit déjeuner avant de partir pour l'école. Je ne me rendais pas compte qu'elle était déjà en retard et qu'elle avait déjà reçu quelques avertissements à cet égard; j'ai été très étonné de sa réaction. Elle a éclaté en sanglots.

Encore une fois, interprétant de façon erronée les motifs de sa réaction et présumant qu'elle tentait tout bonnement de s'épargner une corvée désagréable, j'exigeai qu'elle sèche ses larmes et se mette immédiatement au travail.

Elle m'obéit avec réticence, mais je savais qu'elle était en colère, car j'entendais les assiettes s'entrechoquer. En route vers l'école, elle me tourna le dos et se borna à regarder par la vitre de la portière.

J'avais l'habitude de mettre à profit le temps que je passais avec mes enfants lorsque nous étions en voiture; je leur enseignais la poésie, leur apprenais des versets de la Bible ou je conversais tout simplement avec eux.

Ce matin-là cependant, pas de poèmes, de versets ou de chansons, mais un silence mortel, entêté. Je déposai Sheila, lui murmurai un vague bonjour et me rendis au bureau. J'essayai de travailler, mais je ne parvenais pas à me concentrer. Je revoyais la figure effrayée et les yeux rougis par les larmes de ma fille lorsqu'elle était descendue en hésitant de la voiture pour affronter ses camarades et ses professeurs.

Je commençais à me rendre compte de mon erreur. Je n'avais pas le droit de l'obliger à faire la vaisselle sans l'avertir, sans lui donner l'occasion de planifier son temps. Je comprenais que j'avais eu tort de lui faire de la peine juste avant qu'elle rencontre ses camarades, à un moment où elle avait besoin d'appuis.

Plus j'y pensais, plus j'avais des remords. Finalement, je décidai que je devais faire quelque chose. Je devais faire des excuses, et cela ne pouvait attendre l'heure du dîner. Alors je téléphonai à l'école et demandai à la personne responsable la permission d'amener ma fille prendre le lunch.

Je n'oublierai jamais sa surprise lorsqu'elle a vu que je l'attendais dans le bureau. Je lui dis: «Sheila, j'ai l'autorisation de t'amener prendre une bouchée. Tu as une heure de liberté. Allons-y».

Je lui tins le bras en marchant dans le couloir désert. Les lourdes portes se fermèrent derrière nous, je me tournai aussitôt vers ma fille et lui dis:

«Sheila, je suis désolé. Je suis vraiment désolé! Ce n'est pas que je n'aurais pas dû te demander de faire ta part à la maison, mais je n'avais pas le droit d'exiger cela ce matin sans préavis. Je t'ai fait de la peine au moment où tu avais le plus besoin de mon amour et de mon appui — juste avant ton départ pour l'école. Et je t'ai laissée partir sans te dire que je t'aime. J'ai eu tort. S'il te plaît, pardonne-moi».

Sheila passa ses bras autour de mon cou, m'embrassa et dit: «Oh, papa, bien sûr que je te pardonne. Je t'aime aussi».

Oh, quelle puissance que celle des mots: «Je suis désolé»! Ils nous réconcilient avec nous-mêmes, nos amis et nos êtres chers, et même avec notre Seigneur.

Le psalmiste a écrit: «D'un cœur brisé, broyé, tu n'as point de mépris.» (Psaumes 51,19)

Cela s'adresse à plusieurs personnes. Tout au long des Saintes Écritures, nous voyons beaucoup de cœurs brisés et broyés:

- Le bon larron;
- L'enfant prodigue;
- David, l'homme adultère;
- Paul de Tarse, persécuteur des chrétiens;
- Marie Madeleine, la pécheresse;

Qu'ont donc en commun tous ces bons-à-rien? Ils appartiennent tous au Temple de la Renommée de Dieu. Au paradis, ils occupent tous une place d'honneur.

Comment ont-ils acquis cette noble reconnaissance? Ils ont tous atteint un point dans leur vie de faiblesse, de péché et de honte où ils se sont écriés: «Ô Dieu, sois miséricordieux envers moi, pécheur!»

Oui, si votre vie est un foullis, le stress peut vous conduire à la réussite réelle, car après tout, le véritable succès consiste à être admis dans le Royaume des Cieux.

Vous et moi avons besoin de cette attitude d'humilité, d'être pauvres en esprit dans notre vie spirituelle. Vous et moi en avons besoin dans notre vie de prières. Mais si vous avez des doutes, que devez-vous faire? Vous dire qu'ils se dissiperont d'eux-mêmes, agir comme s'ils n'existaient pas, chanter les chants, lire les prières? Non. Vous devez plutôt aller à Dieu et lui dire: «Si vous existez, Dieu... pour être franc, je ne crois même pas en vous maintenant. Mais j'aimerais bien y croire. S'il est mal de douter, j'espère que vous me pardonnerez!»

Lorsque l'on adopte l'honnêteté dans tous les aspects de la vie et surtout dans la prière, il est étonnant de voir ce qui se produit. N'essayez pas de tromper qui que ce soit, et vous encore moins.

«Heureux les pauvres en esprit, car le Royaume des Cieux est à eux». Si vous avez un besoin, Dieu a une solution. Il se spécialise dans la résolution des problèmes, la guérison des maux et la solution aux situations complexes.

QU'EST-CE QUI VOUS RETIENT?

Ce n'est que lorsque vous et moi atteignons le fond du désespoir que nous sommes sur la voie conduisant au bonheur, car Dieu accorde surtout ses bienfaits à ceux qui savent à quel point ils ont besoin de Lui. La promesse est le bonheur. Le principe consiste à demander à Dieu de nous aider à admettre que nous ne pouvons y arriver seuls. Le problème qui nous empêche de demander l'aide de Dieu est celui d'un orgueil invraisemblable.

Le sain amour-propre existe. L'estime de soi et le respect de soi représentent une saine fierté à l'égard de nous-mêmes, de la création et de la rédemption de Dieu. Mais l'arrogance et la vanité sont les résultats d'un orgueil invraisemblable qui dit: «Ôtez-vous de mon chemin, je veux le faire moi-même», à la manière d'un enfant entêté qui refuse l'aide de ses parents qui l'aiment.

Il faut de l'audace pour quitter les sentiers battus!

«Heureux les pauvres en esprit, car le Royaume des Cieux est à eux». Ainsi, vient le temps où nous cessons de faire semblant et de mentir. Nous atteignons un point dans la vie où nous faisons face à une banqueroute spirituelle. C'est à ce moment que nous nous agenouillons devant le Seigneur et que nous disons: «Mon Dieu, je veux renaître. Je veux une nouvelle vie. Je veux qu'un Christ joyeux fasse partie de ma vie. Oh Dieu, je remets ma vie entre vos mains».

Il y a quelques années j'ai reçu une lettre qui m'a profondément touché. Son impact était tout autant causé par l'identité de l'auteur — ses réalisations et son intégrité professionnelle — que par le contenu de sa lettre.

Cette lettre était de la main du docteur Mary Ellen Bening qui travaille à l'Université internationale des États-Unis à San Diego. Elle possède un doctorat en sciences sociales. Son travail consiste à corriger les thèses de doctorat produites à l'université. J'étais impressionné, car cela signifiait qu'elle était naturellement très au fait des recherches les plus récentes dans le domaine du comportement humain.

Docteur Schuller,

Le 26 août dernier, mon mari et moi avons assisté au service de 11h15 à l'église de votre fils afin d'entendre votre sermon. Je vous ai serré la main après le service, mais je n'ai pas pu vous parler. Ce que j'avais vécu pendant le service m'a laissée bouche bée.

La raison de ma présence au service ce dimanche-là, c'est que deux semaines auparavant, j'avais regardé pour la première fois un service télévisé en provenance de la Cathédrale de Cristal. Jusque-là, lorsque des cérémonies religieuses étaient télévisées, j'avais l'habitude de changer de chaîne et de regarder des émissions profanes; cependant, votre sermon sur les contradictions de la vie retint mon attention... Dans votre sermon, vous disiez que ce n'est pas une contradiction que d'être un être humain qui réfléchit et raisonne beaucoup tout en étant un fidèle et fervent chrétien... Après avoir entendu votre sermon, je ne pouvais cesser de réfléchir à sa signification et à ses multiples applications. Je me mis aussi à penser à la voie alternative qu'offre le Christ et, pour la première fois, je me mis non seulement à voir, mais à sentir le don précieux qui est le sien. En me réveillant le 26, j'avais le sentiment que j'étais peut-être prête à recevoir ce don.

Ce matin-là, votre sermon intitulé «Se frayer un chemin, il y a de l'espoir pour vous» était concentré sur la foi, un concept que j'avais vraiment besoin de comprendre, car jusque-là mon incapacité à concevoir la signification de la foi m'avait empêchée de devenir chrétienne. J'avais imaginé que certaines personnes chanceuses recevaient un appel de Dieu, étaient touchées mystiquement, vivaient un réveil spirituel et faisaient ainsi l'expérience de la foi. Je ne m'étais jamais rendu compte que la foi est un choix!

Mon mari et moi sommes arrivés très tôt à l'église ce dimanche-là. Au début de la cérémonie, quelque chose de merveilleux s'est passé. Je me suis perçue enveloppée de paix, d'amour et de force. J'appellerais cela une renaissance spirituelle, mais je ne puis me rappeler m'être perçue si vivante auparavant.

J'ai vécu une naissance dans l'église ce jour-là, et je suis étonnée de la simplicité de tout cela! Et je présumais qu'il me faudrait me soumettre à une formidable épreuve pour avoir le droit de reprendre ma place au sein d'une église. La foi me semblait un autre degré, le plus avancé des degrés, auquel nous avons droit lorsque nous saisissons les secrets de l'univers.

En réalité, Dieu demandait si peu et donnait tellement en retour!

Mary Ellen Bening

J'avais donc sous les yeux la lettre d'une intellectuelle, une jeune femme très cultivée et très brillante. Elle avait cru avoir tout compris, sans jamais se douter qu'elle avait un besoin ou une lacune quelconque au-delà de sa capacité de penser, d'apprendre ou de percevoir. Et pourtant, même le docteur Bening avait une lacune, un vide spirituel. Elle souffrait de pauvreté spirituelle. Son âme avait faim et soif de quelque chose, et jusque-là, elle ne savait pas ce que c'était.

Mais alors elle a vu sa carence. Elle a compris son besoin. Elle avait besoin de vivre dans l'amour et la grâce de Jésus-Christ.

Elle est devenue pauvre en esprit lorsqu'elle a saisi qu'elle n'avait pas besoin de s'appauvrir intellectuellement. Lorsqu'elle a vu qu'elle pouvait croire en Jésus sans sacrifier son intégrité intellectuelle, elle a choisi de cheminer aux côtés de Jésus, de l'accepter de toute son âme, et elle a vécu une renaissance.

Lorsque vous découvrirez le secret des attitudes pour être heureux, lorsque vous serez capable de dire «J'ai besoin d'aide» ou «Je suis désolé», vous aurez franchi l'importante première étape vers le bonheur véritable. Car alors vous aurez l'attitude qui vous libérera et vous permettra de passer aux autres attitudes pour être heureux.

Je crois fermement qu'il y a une certaine progression dans les béatitudes. Jésus nous les a révélées dans cet ordre pour une raison très importante: elles sont dépendantes l'une de l'autre, et chacune représente une condition préalable pour la suivante.

Pensez-y. Pour que Jésus puisse nous réconforter, pour qu'Il nous aide et nous guérisse, nous devons vouloir être aidés! Il ne peut nous rendre heureux, à moins que nous le désirions.

Alors voulez-vous que quelqu'un vous appuie? Voulez-vous être heureux? Y a-t-il des aspects de votre vie qui comportent des lacunes et par rapport auxquels vous avez besoin d'aide? Alors soyez heureux. Car vous possédez l'ingrédient essentiel dont vous avez besoin pour commencer à découvrir le secret des autres attitudes pour être heureux.

DEUXIÈME ATTITUDE POUR ÊTRE HEUREUX

«J'ai vraiment mal, mais je vais me remettre sur pied

«Heureux les affligés,
car ils seront consolés».

(Matthieu 5,4)

« Docteur Schuller, pourquoi arrive-t-il des choses désagréables aux gens qui sont bons?» Je ne puis vous dire combien de fois cette question m'a été posée au cours de mes 33 ans de ministère.

Je réponds: «Le problème est en partie attribuable au fait que nous ne posons pas les bonnes questions. En ne formulant pas les bonnes questions, nous n'obtiendrons jamais les bonnes réponses».

«Pourquoi arrive-t-il des choses désagréables aux gens qui sont bons? Cette question est erronée, car c'est la question à laquelle Dieu ne répond jamais.

Les prophètes de l'Ancien Testament se lamentaient dans les époques troubles en demandant: «Pourquoi, ô Seigneur?» Toujours, Il demeurait silencieux devant cette question. Jésus lui-même s'est écrié sur la croix: «Mon Dieu, mon Dieu, pourquoi?» Dieu ne lui a pas répondu.

Dieu ne répond jamais à cette question, parce que la personne qui demande pourquoi ne veut pas vraiment une explication; elle recherche la discussion! Dieu refuse de se laisser entraîner dans une polémique. Si Dieu répondait à cette question, nous lui en poserions une autre. Cela ne finirait jamais.

Si ce n'est pas poser la bonne question que de demander: «*Pourquoi arrive-t-il des choses désagréables aux gens qui sont bons?*», alors quelle est la bonne question? C'est: «*Qu'arrive-t-il aux gens qui sont bons lorsqu'il survient des choses désagréables?*»

Jésus a répondu à cette question dans les béatitudes. Dans la deuxième béatitude, qui est le sujet du présent chapitre, nous abordons franchement la réalité des situations difficiles. Jésus dit en essence: «Lorsque des choses désagréables arrivent aux gens qui sont bons, ils sont bénis, car ils sont consolés».

Le christianisme n'est pas une religion peu sérieuse. Il ne prétend pas qu'il ne nous arrivera jamais rien de désagréable. Il n'est guère dit, dans l'Ancien ou le Nouveau Testament, que si nous menons une bonne vie, nous ne serons jamais malades et ne ferons jamais face à une tragédie. Cependant, il nous est promis ceci: «Ne crains pas, car je t'ai racheté; je t'ai appelé par ton nom, tu es à moi. Si tu passes par les eaux, je serai avec toi; par les fleuves, ils ne te submergeront pas. Si tu traverses le feu, tu ne t'y brûleras pas et la flamme ne te consumera pas. Car je suis Yahvé, ton Dieu, le Saint d'Israël, ton sauveur». (Isaïe 43,1-3).

Si Dieu tient ses promesses, comment réconforte-t-il ceux qui sont bons lorsque ces derniers font face à des désagréments?

En tant que pasteur, je suis spécialisé dans le soin des gens qui souffrent, qui sont seuls, malades ou mourants. Depuis 33 ans, je parcours les pelouses verdoyantes des cimetières, consolant des épouses, des maris, des pères, des mères et des êtres chers. J'ai assisté à la mise en terre de centaines de cercueils, petits, moyens ou grands, recouverts de fleurs ou de drapeaux. J'ai également vu porter en terre des étudiants, des prêtres et de jeunes mariés. Croyez-moi, la souffrance ne m'est pas étrangère. J'ai été témoin de nombre de chagrins, et souvent j'ai pleuré avec les gens.

IL N'Y A PAS DEUX CHAGRINS SEMBLABLES

Il y a tout un éventail d'expériences humaines que nous coiffons généralement du terme «chagrin». Marie, une amie et une fidèle de ma congrégation, me faisait part de ses sentiments intimes lors du décès de son mari: «Il n'y a pas deux chagrins semblables. J'ai perdu mon fils adolescent; j'ai perdu ma fille alors qu'elle était dans la vingtaine. Maintenant, mon mari est décédé. Chacun de mes chagrins a été douloureux, mais chacun d'eux a été différent».

J'ai été témoin d'innombrables chagrins, et toujours j'ai constaté le fait suivant: *Dieu console les gens qui sont bons lorsqu'il leur arrive des épreuves.* Il est possible d'être heureux, même dans un monde où les peines sont nombreuses.

Les ennuis laissent toujours leur empreinte sur nous; les souffrances transforment l'avenir. Mais Dieu nous inspire afin que nous devenions meilleurs, et non pas plus amers. Il nous montre que le négatif peut se transformer en positif, que nous pouvons tirer profit de nos problèmes, et c'est cela que nous enseigne la croix.

Comment pouvons-nous tirer profit de la tristesse? (1) Prenez conscience de ce que vous pouvez faire pour vous-même! (2) Concevez nettement ce que Dieu peut faire pour vous!

«VOICI CE QUE VOUS POUVEZ FAIRE!»

Ne blâmez pas Dieu!

Si vous souffrez et vivez de véritables difficultés, ne blâmez pas Dieu! C'est l'erreur humaine qui est toujours en cause: erreur de jugement, erreur de volonté ou d'objectif. L'égoïsme, l'indifférence, la rébellion, la folie, la stupidité et l'audace excessive sont souvent à la source des malheurs et de la souffrance humaine.

Le cancer et les affections cardiaques, et les maux qui y sont reliés, sont les plus importantes causes de décès aux États-Unis de nos jours. Nul ne pourra jamais rejeter le tort de ces maux sur Dieu. Nous verrons un jour la vérité: tous les maux ont pour fondement un manque d'harmonie entre l'organisme humain et son environnement. La maladie est souvent imputable au fait que nous nous alimentons mal, que nous dormons mal, que nous ne faisons pas assez d'exercice ou que nous respirons mal. C'est l'homme qui n'atteint pas un équilibre harmonieux avec son environnement. Si la maladie fait son apparition, c'est que l'homme fait quelque chose de mal; ce n'est pas la faute de Dieu!

Mais, dites-vous, ne peut-on pas blâmer Dieu pour ne pas nous montrer comment éviter certains décès ou guérir certaines maladies?

Réfléchissez un peu. Le véritable problème n'est pas notre ignorance, mais notre négligence. Presque toutes les maladies, tous les décès et tous les chagrins ne sont pas attribuables à notre manque de connaissances, mais au fait que nous refusons de voir la lumière que Dieu nous offre à partir de différentes sources:

1) *Dieu nous a révélé les dix commandements.* Il nous a donné ces dix lois pour nous tenir loin d'une voie attirante, tentante, qui ne pourrait nous conduire qu'à la maladie, au péché et au chagrin. Le respect des dix commandements procure la santé spirituelle, mentale et physique! La tuerie, le mensonge, le vol et l'adultère sont dommageables à la santé! (Pensez à l'actuelle épidémie de maladies vénériennes que nous connaissons!) Sous prétexte de goûts compliqués et de libération, plusieurs d'entre nous disent à Dieu d'aller au diable! En agissant ainsi, c'est nous-mêmes que nous envoyons au diable.

2) *Dieu nous a révélé les secrets de la santé.* Il nous a donné, par le biais de la Bible et de la science médicale, des conseils concernant le manger, le boire, le sommeil, le travail et l'exercice. Pourtant, il y a encore des médecins qui fument et boivent trop d'alcool. Il y a des prêtres qui s'alimentent mal. Il y a des athlètes qui ne font pas suffisamment d'exercice et qui négligent leur bien-être physique. Pouvons-nous honnêtement et en toute justice accuser Dieu de ne pas nous avoir suffisamment informés sur les questions de santé alors que nous ne tenons aucun compte du savoir qu'Il nous a divulgé?

3) *Dieu nous a révélé comment nous sauver du péché.* Nous savons que les souffrances, les séparations et les maladies sont occasionnées par le péché. Nous savons que beaucoup de maux physiques sont causés par la tension mentale, le stress, l'inquiétude, l'anxiété, la crainte et la culpabilité. Nous savons aussi qu'en acceptant le salut et en confiant notre esprit et notre cœur à l'Esprit salvateur du Christ, nos émotions négatives seront écartées et la guérison de l'esprit et du corps commencera. Pourtant, plusieurs d'entre nous hésitent encore à se remettre complètement entre les mains du Christ. Nous rejetons le salut de Dieu.

Ne pouvons-nous alors blâmer Dieu de permettre aux gens d'être si égoïstes? Dieu n'a-t-il

Ce qui arrive aux gens
qui sont bons
lorsqu'ils subissent
des épreuves?

Ils deviennent meilleurs!

pas le pouvoir de diriger tous les habitants de la terre, de les forcer à lui obéir? Ne pourrions-nous pas blâmer Dieu d'avoir donné à l'homme la faculté de pécher?

Réfléchissez un instant aux dilemmes auxquels Dieu a dû faire face au début de la création. Lorsque Dieu a créé le genre humain, son objectif était de créer une forme de vie matérielle qui serait le reflet de sa forme immatérielle. Ainsi, il a choisi de créer l'homme «à son image», d'en faire une créature capable de prendre des décisions, de discerner le bien du mal, de juger, d'évaluer, de choisir et de décider.

Lorsque Dieu a créé une telle personne, Il savait vraiment qu'une telle créature aurait le pouvoir d'aller à l'encontre de sa volonté. Mais examinons l'alternative qui s'offrait. S'Il avait conçu un homme ne pouvant jamais prendre une mauvaise décision, cette créature n'aurait jamais été en mesure de prendre une décision de son propre chef. Elle n'aurait été qu'une personne parfaite, incapable de pécher, de se sentir coupable, de commettre des erreurs... Une personne? NON! Une machine? Oui! Un ordinateur? Oui? Un être humain? JAMAIS! Dieu a décidé de faire le plus grand pari de tous les temps, de créer une créature ayant ses propres opinions, ses propres idées et pouvant prendre ses propres décisions. Il a créé une personne capable de pécher, mais également capable d'aimer.

Ne reprochez pas à Dieu d'avoir permis le péché. Remerciez Dieu qui, malgré nos péchés, ne nous a jamais retiré notre liberté, et avec elle, notre capacité de devenir des personnes sincères et aimantes.

N'accusez pas Dieu des souffrances du monde! Reprochez aux êtres humains le fait d'avoir choisi la voie conduisant à la douleur et au chagrin. Reprochez aux êtres humains d'avoir rejeté la vérité divine lorsqu'elle leur a été révélée. Reprochez aux êtres humains d'avoir rejeté le salut de Dieu, même lorsque celui-ci leur a été offert au nom de Jésus! Il suffit de regarder la croix pour savoir qu'aucun être humain ne pourra jamais désapprouver à Dieu de ne pas être allé à la limite pour nous sauver.

Ne vous blâmez pas

Les chagrins semblent toujours s'accompagner de culpabilité. Mais le fait de se condamner soi-même ne règle aucun problème et ne permet pas de changer la situation. C'est tout bonnement une émotion négative, non constructive, qui peut se révéler très dommageable.

Vous vous rappelez sans doute avoir lu le compte rendu du tragique accident survenu au Hyatt Regency de Kansas City, voilà plusieurs années. Cent personnes ont été tuées et plusieurs autres blessées lors de l'écroulement d'une promenade de béton qui encerclait l'atrium. Une jeune amie était présente ce soir-là et a été témoin de la scène horrible. Elle me disait par la suite: «Docteur Schuller, j'avais l'impression de me trouver dans un film d'horreur, à la différence près que c'était réel! Je voulais désespérément que quelqu'un revienne en arrière et arrange la scène, mais impossible».

Bien sûr, le mal était fait. Des gens étaient mourants tout autour de mon amie. Elle n'avait jamais reçu de formation en mesures d'urgence, alors elle ne pouvait rien faire. Ce sentiment d'impuissance, ajouté à ses horribles souvenirs, l'a presque détruite.

Elle m'expliquait: «Je ne pouvais rien faire. J'aurais eu beau pleurer toute la nuit, cela n'aurait ramené personne à la vie. Je suis rentrée chez moi et je n'ai pas pu dormir. La culpabilité était terrible, car je ne pouvais ramener personne à la vie. Des centaines de personnes mouraient et je ne pouvais rien faire.

«J'ai été chrétienne toute ma vie, alors j'ai prié pour la survie des gens. Ils ont publié dans le journal une liste de gens qui étaient encore hospitalisés. Je priais chaque jour pour eux. Mais je n'arrivais pas à me débarrasser de la culpabilité qui accompagnait mon sentiment d'impuissance. Alors je commençai à m'isoler. Je me mis à fuir mes vieux amis, sans m'en faire de nouveaux. Les gens qui me connaissent vous diront que cela est contraire à ma personnalité. Je gardais tout en moi. Je refusais d'en parler à qui que ce soit. On pourrait dire que j'ai tout bonnement cessé de vivre.

«J'avais le sentiment que j'aurais dû mourir dans la catastrophe. Pourquoi étais-je en vie alors que tant d'autres étaient morts? Nul ne peut comprendre à moins d'avoir vécu une catastrophe. Nul ne peut saisir la profondeur d'une telle douleur. Je ne voulais plus avoir mal. Je décidai de m'enlever la vie. J'avais l'intention de prendre un surdosage. Alors je demandai à une amie de garder mes enfants, et je commençai à prendre les comprimés que m'avait prescrits mon médecin pour lutter contre la dépression. J'étais rendue au milieu de la bouteille lorsque j'ai pensé à tout l'amour que j'avais pour ma famille et à celui qu'elle avait pour moi. J'ai téléphoné au service d'aide que vous offrez ici, à la Cathédrale de Cristal — NEW HOPE.

Au téléphone, le conseiller m'a posé des questions. Il m'a dit: «Il semble que vous ayez de bonnes raisons de vivre». Il me disait sans arrêt que j'avais encore beaucoup à faire et beaucoup de gens à aider. Il m'a fait comprendre quelque chose, ce que personne n'avait pu faire jusque-là.

«Pendant qu'il me parlait, il avait appelé la police. Les infirmiers m'ont conduite à l'hôpital, mais à mon arrivée j'étais dans le coma. Ce coma a duré trois jours. Mon cerveau n'enregistrait plus aucune activité. J'ai été déclarée cliniquement morte, et ma famille est venue me voir avant que soient débranchés les appareils qui me maintenaient en vie.

«On avait prié pour moi, et l'un de mes oncles, dont j'avais été très proche toute ma vie, était là, me tenant la main et me disant qu'il m'aimait. Je crois que mon subconscient l'a entendu, car j'ai ouvert les yeux environ trois heures avant qu'on ne débranche la machine.

«Depuis, tout ce qui m'est arrivé dans la vie a dépassé toutes mes espérances. J'aimerais pouvoir dire à tous ceux qui sont déprimés, à tous ceux qui ont pensé mourir ou s'enlever la vie que tout cela est passager! Nous n'en avons pas l'impression, mais cela finit par se dissiper et la vie est de plus en plus belle.»

NE BLÂMEZ PERSONNE, RÉGLEZ LE PROBLÈME

Une des fidèles de notre église m'a un jour montré un slogan utilisé par l'entreprise où elle travaille:

«NE BLÂMEZ PERSONNE, RÉGLEZ LE PROBLÈME!»

Quel est votre problème? Admettez d'abord que le véritable problème n'est pas la tragédie qui vous a frappé, mais votre réaction à cette tragédie. Si vous ne maîtrisez pas votre réaction, elle vous détruira au bout du compte.

Comment régler le problème?

(1) *Décidez de ne pas passer le reste de votre vie à pleurer et à être victime de votre chagrin.* Cela ne peut que faire du mal aux êtres chers, aux amis et à soi-même. De plus, les tristesses qui durent toujours déshonorent Dieu qui souhaite vous voir renaître dans la joie! Persuadez-vous de mettre un terme à ce chagrin qui n'a rien de

constructif et de cesser de vous apitoyer sur votre sort.

Nous pouvons tous tirer profit de la leçon que nous sert Andre Thorton pour ce qui est de surmonter son chagrin. Andre, un frappeur de qualité des Indians de Cleveland pendant près d'une décennie, a connu une tragédie qui aurait eu raison de la plupart d'entre nous. En 1977, Andre, sa femme et leurs deux enfants se rendaient en voiture en Pennsylvanie pour assister au mariage de la belle-sœur du joueur de baseball. Dans cette partie du pays, la température est souvent peu clémente dès le début d'octobre. Dès leur départ ce soir-là, la pluie se mit à tomber. Puis la neige. Alors qu'ils roulaient sur les routes sinueuses des montagnes de Pennsylvanie, les vents devinrent très forts et provoquèrent un accident. La fourgonnette dans laquelle Andre et sa famille prenaient place capota et heurta un garde-fou. Andre perdit conscience.

À son réveil, il était étendu sur un lit d'hôpital et son fils occupait le lit adjacent. Peu de temps après avoir repris conscience, une infirmière se présenta et lui dit: «Andre, je suis désolée d'avoir à vous dire cela». Puis elle se mit à pleurer et dit simplement: «Le coroner est avec votre femme et votre fille».

Andre m'a dit: «Cela a été un moment extrêmement douloureux. J'avais l'impression que l'on m'arrachait les tripes. Mais même dans de tels moments nous pouvons compter sur la pa-

Qu'est-ce que la croix?
C'est un moins
transformé en un plus!

✝

role de Dieu. Dieu a dit: «*Je ne te laisserai ni ne t'abandonnerai*». (Hébreux 13,5)

«Je suis bien content du fait que j'étais chrétien depuis de nombreuses années. Alors j'ai pu mettre mon espérance dans cette parole et faire confiance au Seigneur à ce moment particulier.

«Je sais que le Christ était avec nous au milieu de nos moments les plus difficiles. La force du Seigneur nous a permis, à mon fils et à moi, d'aller de l'avant. Je crois que la chose la plus importante que j'ai apprise à ce moment-là est que notre Dieu est fidèle».

Je devais demander à Andre: «Mais vous aviez perdu votre femme que vous aimiez et adoriez, de même que votre fille chérie. N'avez-vous jamais douté de l'amour de Dieu?»

Andre m'a fait une réponse merveilleuse. Il a dit: «Je crois que nous avons tous des moments où nous nous demandons si nous aurions pu agir différemment. Je n'étais pas différent du reste des gens. Mais je rends grâce à Dieu de ne pas nous laisser entretenir de telles pensées. Plutôt que de douter, j'ai pu faire confiance à Dieu et savoir que ce qu'Il avait décidé allait servir sa gloire. Lorsque je repense à la tragédie aujourd'hui, je vois les vies qui ont été touchées par ce qu'a fait le Seigneur à travers nous. Ainsi, je ne vois plus une tragédie, mais une joie, car d'autres gens renaissent pour vivre une vie d'abondance!»

«Tu sais, Andre, qu'au psaume 23, verset 6, on peut lire: «Oui, grâce et bonheur me pressent tous les jours de ma vie». Lorsque vous ne pouvez voir la bonté de Dieu, vous pouvez faire l'expérience de sa miséricorde. C'est cela que tu as vécu, Andre.»

«Oh, il n'y a aucun doute à ce sujet, répondit-il. Je suis un enfant de Dieu par le simple fait de mon acceptation de son Fils. Comme enfant de Dieu, je sais qu'Il dirige et guide ma vie. On peut lire au proverbe 16, verset 9: «Le cœur de l'homme cherche sa voie, mais c'est Yahvé qui affermit ses pas». J'ai choisi la voie du Christ, mon Sauveur, et Dieu dirige mes pas. Je lui en suis reconnaissant parce que je n'ai pas à me demander où je vais».

«D'où vous vient cette foi?» lui ai-je demandé.

«J'ai grandi à une époque difficile, alors qu'une grande confusion régnait à travers le pays. Je me posais beaucoup de questions. J'ai vu mon meilleur ami poignardé à mort à l'âge de 17 ans. J'ai grandi dans la formidable confusion des tensions raciales. La guerre du Viêt-nam faisait rage. Les gens disaient que Dieu était mort. Naturellement, il était normal qu'un jeune homme comme moi se pose de nombreuses questions. Je me demandais: «Où allons-nous? Quel est le sens de la vie? Comment justifier la vie?»

«Je me rappelle ma mère qui me disait: «Andre, je ne peux répondre à toutes ces questions pour toi, mais je peux t'indiquer Celui qui le peut.»

«Je partais pour Fort Dix, au New Jersey, où j'allais joindre la garde nationale de Pennsylvanie. Lors de mon départ, ma mère me donna une bible, et à mon arrivée à l'armée je me mis à la lire et à l'étudier. À l'époque je ne niais pas l'existence de Dieu; je ne le connaissais simplement pas assez pour m'adresser à Lui en disant: «Père, aidez-moi!»

«Après avoir lu la Bible j'ai pris conscience que j'étais l'enfant de Dieu, et que le fossé qui me séparait de Lui avait été comblé par la mort et la résurrection de son Fils, Jésus. Ma joie et mon assurance venaient du fait que j'avais besoin de voir qu'il existait un espoir plus grand que ce que le monde avait à offrir.

«Alors, vous me demandez d'où vient ma foi? Je vais vous le dire: elle me vient de ma mère. Je remercie Dieu d'avoir eu une mère qui aimait assez son fils pour lui donner ce qu'elle avait de plus précieux: le don de sa foi!»

Andre n'a pas été détruit en perdant sa femme et sa fille. Dieu lui a donné la force de continuer de vivre. Aujourd'hui Andre s'est remarié et est père d'un petit bébé. Il s'est accroché, est allé de l'avant et n'a pas cessé de vivre comme l'avaient fait sa femme et sa fille!

(2) *N'acceptez pas la défaite.* Nous devons apprendre à accepter ce qui nous arrive de désagréable, sans accepter la défaite émotionnelle.

«Ta mort a été pire pour moi qu'elle ne l'a été pour toi!» Ces mots ont été prononcés par une veuve devant la dépouille de son mari. N'abandonnez pas! Les difficultés passent, et les gens persévérants demeurent! Soyez courageux! Réagissez! Il y a tout un monde de gens qui ont faim et qui souffrent. Pensez à eux, ils sont vivants; ils ont besoin de vous!

Dans le livre *Autant en emporte le vent*, nous lisons le récit du gentleman sudiste qui a craqué sous le poids des tragédies de la guerre de Sécession. Observant ce fait, un autre personnage du roman se dit: «Il a été détruit de l'intérieur. Je veux dire que ce que le monde n'a pas réussi à faire, son propre cœur l'a fait.» Puis, le philosophe en herbe conclut: «Il n'y a rien à l'extérieur qui puisse avoir raison de nous.»

(3) *Oubliez vos plaintes égoïstes.* Les griefs qui vous empêchent de penser et d'aider les autres sont égoïstes. Autour de vous se trouve un monde rempli d'êtres humains vivants qui souffrent plus que vous. Il y a des femmes, des hommes, des enfants qui sont seuls, qui ont le cœur brisé, qui meurent! Ils ont besoin de vous. Vous êtes plus fort qu'eux. Vous pouvez les consoler. Le secret du bonheur, que nous retrouvons tout au long des Béatitudes, peut se résumer en ces mots: «Je suis troisième». Vous souffrez? Comment renaître à la vie? Pensez d'abord à Dieu, puis à vos semblables, et ensuite pensez à vous-même.

(4) *Faites la somme de vos joies; ne comptez jamais vos chagrins*. Regardez ce qu'il vous reste dans la vie; ne regardez jamais ce que vous avez perdu. Lorsque survient un grand chagrin, vous êtes si affecté par le choc et la douleur que vous n'avez pas conscience des joies qu'il vous reste. Soyez déterminé à découvrir ces joies et laissez-les respirer et fleurir à nouveau! Vous avez encore beaucoup de raisons d'être reconnaissant, même si vous n'avez pas conscience de cette reconnaissance. Recourez à vos souvenirs. Revivez vos souvenirs heureux. Offrez-vous des «reprises» de cette grande collection d'expériences heureuses de votre passé. Beaucoup d'événements heureux ont parsemé votre vie.

J'ai un ami qui conserve un poème philosophique italien sur le mur de son restaurant. En voici le texte, qui vaut la peine d'être mémorisé:

Dénombre les fleurs de ton jardin,
Et jamais les feuilles qui tombent.
Compte les heures dorées de tes jours,
Et oublie les nuages.
Dénombre les étoiles de tes nuits,
    et non leurs ombres.
Compte les sourires, et non les larmes de ta vie.
Réjouis-toi à ton anniversaire,
Et estime tes amis, non tes années.

(5) *Faites de votre chagrin un serviteur*. Une fois vos sujets de plaintes enterrés, vous êtes prêt à faire de votre chagrin un associé serviable. Si vous lui en laissez le loisir, le chagrin peut être

un dictateur démoniaque. Il peut faire de vous un solitaire ou un alcoolique cynique, méfiant, rancunier, s'apitoyant sur son propre sort. Il peut aussi vous servir, vous aider à mieux comprendre les gens qui souffrent et vous suggérer de nouvelles voies à explorer. Faites un choix positif. Faites en sorte que votre chagrin serve Dieu et votre prochain.

J'ai reçu récemment une lettre d'un téléspectateur new-yorkais à propos de mon émission de télévision. J'ai lu et relu cette lettre si souvent que je la sais presque par cœur. Permettez-moi de vous en faire part:

Docteur Schuller,

Jamais de ma vie je n'ai écrit une lettre telle que celle-ci. C'est l'histoire d'un homme amer... et de la personne qui l'a sauvé. Je suis cet homme amer. En 1961, je me suis marié. J'aime ma femme. Notre amour est la seule chose qui m'a permis de continuer. Peu après notre mariage, nous avons subi un revers de fortune. Cela m'a vraiment rendu amer.

Ensuite, nous voulions avoir des enfants et nous avons découvert que ce n'était pas possible. Je suis devenu encore plus amer. Après un certain temps, nous avons adopté un enfant et, pendant une très brève période, nous avons été très heureux. Puis, nous avons découvert que cet enfant adoptif, un petit garçon que nous avions appelé Joey, était attardé à cause de dommages subis au cerveau! Cela m'a rendu encore plus amer. Mais le pire jour de ma vie a été celui où le petit Joey est décédé. Lorsque nous l'avons enterré, j'étais si amer que je ne croyais plus en Dieu, au Christ, en qui ou en quoi que ce soit.

Depuis des mois, ma femme regarde une émission religieuse à la télé le dimanche matin. Elle me suppliait de regarder l'émission avec elle, mais je refusais. Il y a six semaines, alors que j'entrais dans le salon, vous disiez quelque chose qui a attiré mon attention. J'ai écouté. J'ai aussi écouté la semaine suivante, puis la suivante, et ainsi de suite. Je vous écris pour vous dire qu'après six brèves semaines, je suis une personne transformée. Je n'ai plus la moindre amertume.

Je vous remercie de m'avoir fait connaître Jésus-Christ. Grâce à cela, ma femme et moi avons décidé de consacrer notre vie à aider les enfants attardés mentalement. Je ne puis vous expliquer à quel point ma vie a changé, car ma façon de penser a été transformée grâce au Christ!

Heureusement vôtre
Un fidèle de l'émission «Hour of Power»

Laissez votre chagrin faire de vous une meilleure personne, et ce chagrin s'avérera une bénédiction!

(6) *Acceptez le réconfort que Dieu s'efforce de vous offrir.* Au début de ce chapitre, je dis que Dieu n'est pas une source de chagrin. Le péché de l'homme génère les situations de chagrin en ce monde. Et Dieu offre sans détours son réconfort. Il offre le réconfort de ses promesses d'amour et de vie éternelle.

«Heureux les affligés, car ils seront consolés». Oui, il y a une condition à cela. Vous serez

La bonne nouvelle
est que l'on peut
transformer
les mauvaises nouvelles
en bonnes nouvelles...
à condition
de changer son attitude!

consolé si Dieu est votre ami et si le Christ est votre Sauveur. Acceptez ce réconfort que Dieu vous offre.

VOICI CE QUE DIEU PEUT FAIRE!

Dieu offre un réconfort réel et non de la pitié relevant de la névrose. Non pas une sympathie qui ne fait qu'affaiblir la personne qui souffre. Il offre un amour empreint de fermeté qui fait de nous des personnes meilleures et plus fortes!

Lorsque Carol, notre fille, a perdu sa jambe dans un accident de moto à l'âge de 13 ans, ma femme et moi avons fait l'impossible pour la réconforter. Nous avons apporté ses animaux en peluche favoris à l'hôpital, nous avons téléphoné à ses amis afin qu'ils lui rendent visite. Jamais nous ne l'avons laissée seule. L'un de nous était presque constamment avec elle.

Puis un jour, nous avons reçu un appel de notre amie, Dorothy DeBolt. Comme le savent plusieurs d'entre vous, Dorothy est la mère de 14 enfants adoptifs. Ces enfants sont tous très spéciaux. Certains sont aveugles, d'autres paraplégiques. L'un d'eux a été amputé de quatre membres. Tous sont physiquement ou mentalement atteints.

Dorothy a fait des merveilles avec tous ces enfants. Malgré leurs handicaps, elle les a motivés pour les pousser à se surpasser. Ils sont tous capables de se vêtir. Il n'y a pas de rampes d'accès dans la maison. Tous peuvent monter les escaliers et peuvent par conséquent se déplacer dans tous les endroits où ne sont pas prévues de rampes d'accès.

Lorsque Dorothy a appris l'accident de Carol, elle a téléphoné pour réitérer son amour et sa sympathie. Oui, elle a exprimé son amour, elle était peinée de la douleur que Carol avait dû supporter. Et elle sympathisait aussi. Selon elle, Arvella et moi devions être mis en garde: il y avait une bonne et une mauvaise façon d'aider Carol.

Elle disait simplement: «Faites attention à votre façon de la réconforter».

Ces paroles étaient très sages. Carol avait besoin de réconfort, non de pitié; et il ne s'agissait pas de sécher ses larmes, mais de diriger son attention vers ses victoires futures.

Dieu réconforte. Il ne prend pas les gens en pitié. Il ne fait pas preuve d'apitoiement. Il nous relève, sèche nos larmes, apaise nos craintes et nous fait réfléchir à autre chose que notre douleur.

Comment Dieu s'y prend-il pour nous réconforter avec une telle maîtrise? (1) Il nous donne du courage; (2) Il nous procure un sentiment d'apaisement; (3) Il nous fait bénéficier de sa présence; (4) Il nous donne sa compassion; (5) Il nous suggère de nouveaux engagements.

DIEU NOUS DONNE DU COURAGE

Dans les moments de désespoir, Dieu nous donne le courage de continuer, de passer au travers notre douleur, de nous remettre afin de faire face au lendemain. Je n'oublierai jamais le moment où, il y a plusieurs années, j'ai reçu un appel de la famille du sénateur Hubert Humphrey, qui se mourait alors du cancer. Les membres de sa famille m'ont demandé de lui rendre visite dans l'espoir que je pourrais le convaincre de retourner à Washington une dernière fois. À mon arrivée à son modeste appartement de Minneapolis, il m'attendait. Assis très droit sur une chaise, il était décharné et vêtu dignement. Le col de sa chemise blanche faisait 4 cm de largeur de plus que son cou amaigri.

Voilà du courage! Il lui avait fallu beaucoup de courage pour mettre une chemise et une cravate, pour enfiler un pantalon, mettre des chaussettes et des chaussures et s'asseoir sur une chaise. Lorsqu'on est à ce point malade, croyez-moi, c'est un grand pas en avant. D'où vient une telle ténacité qui nous permet de continuer à vivre? Elle vient de Dieu.

J'ai dit à cet homme courageux: «Hubert, lorsque vous avez été vraiment abattu, déprimé et découragé, qu'est-ce qui vous a permis de remonter la pente?»

J'espérais que ma question le forcerait à se rappeler des moments où il avait gagné en dépit de circonstances décourageantes.

Il se mit à se remémorer des versets bibliques, des slogans et des expériences édifiantes. Soudain, j'aperçus une lueur dans son regard! Je lui demandai: «Quand retournez-vous à Washington?»

Il se tourna vers Muriel, sa femme, et dit: «Peut-être le devrais-je, encore une fois».

Ce qu'il fit. Et il vécut ses dernières semaines comme il avait vécu toute sa vie: courageusement. J'ai eu l'honneur de prononcer le sermon lors de son service funèbre en compagnie de Billy Graham, Jesse Jackson, du président Carter et de presque tous les sénateurs du pays. On m'a dit que le service avait été vu à la télé par près de 40 000 000 d'Américains.

J'ai intitulé mon message «Courage, le grand C». «Le grand C» est le diminutif que l'on donne habituellement au cancer», ai-je dit. «Hubert Humphrey le savait, mais il connaissait un «grand C» encore plus important, celui du courage!»

DIEU NOUS PROCURE UN SENTIMENT D'APAISEMENT

Comment Dieu réconforte-t-il les gens lorsqu'ils vivent des situations difficiles? Il leur donne du courage. Il leur donne aussi un sentiment d'apaisement, souvent de la façon la plus inattendue et au moment le plus inopiné. Ainsi que le dit un vieil hymne chrétien: «Parfois, la lumière surprend un chrétien pendant qu'il chante; c'est le Seigneur qui vient étendre son aile salvatrice».

Je me rappelle la sœur du regretté congressiste, Clyde Doyle. Elle avait deux enfants: un fils et une fille. Tous deux furent tués à l'adolescence. Son mari mourut également à un âge relativement jeune. Elle s'est retrouvée complètement seule. Vous savez, il est facile de dire à quelqu'un: «Ne pensez pas à ce que vous avez perdu. Pensez à ce qu'il vous reste». Mais cette femme n'avait plus personne!

Je lui ai demandé: «Où avez-vous trouvé du réconfort? Qu'est-ce qui vous donne la force de continuer à vivre?»

Elle m'a répondu: «Je demeure à Long Beach. J'avais l'habitude de me rendre tous les jours à la plage. Souvent je restais assise, complètement perdue. Je ne pouvais penser, je ne ressentais plus rien, mais je pouvais toujours voir. Je regardais les vagues se coiffer d'écume, venir mourir sur le sable, puis se retirer. J'ai fait cela jour après jour, semaine après semaine et année après année. Et un jour, alors que j'observais les vagues et leur écume qui venaient mourir sur le sable, j'ai été frappée par un message de Dieu. J'ai entendu en moi une voix qui disait: «Il n'y a rien d'autre que la vie!»

Et elle a ajouté: «J'ai su alors où était mon fils! J'ai su où était ma fille et où était mon mari!» Pour la première fois, elle a ressenti une sensation d'apaisement. Et elle a alors été capable de refaire sa vie.

Ne pensez jamais
à ce que vous avez perdu.
Pensez
à ce qu'il vous reste.

DIEU NOUS FAIT BÉNÉFICIER DE SA PRÉSENCE

«Heureux les affligés, car ils seront consolés». Ils trouvent du courage... suffisamment pour traverser un service funèbre, ou pour faire face à leurs difficultés. Ils ont un sentiment d'apaisement. Et ils bénéficient d'une présence. Au cours des 33 ans que j'ai passés comme pasteur, j'ai entendu la même remarque à d'innombrables reprises de la part de gens qui venaient de vivre une expérience très difficile. Ces gens disent toujours: «Oh, nous avons reçu tellement d'appels et de lettres. J'ai eu des nouvelles de gens que j'avais perdus de vue depuis des années. J'ai été estomaquée de voir le nombre de personnes qui se faisaient du souci pour moi».

Jamais je n'oublierai ces funérailles où personne n'est venu. L'homme décédé avait trois fils. Tous les trois vivaient dans la même ville que lui. Et pourtant, aucun d'eux n'a assisté aux funérailles de son père. Seul l'entrepreneur de pompes funèbres m'accompagnait.

Je demandai: «Qu'est-ce qui se passe? Où est tout le monde?»

L'entrepreneur de pompes funèbres me dit: «C'était un homme extrêmement égoïste. Pendant toute sa vie, jamais il n'a eu de temps à consacrer à sa famille; ce n'est pas étonnant qu'ils n'aient pas de temps à lui accorder aujourd'hui».

Il y a une condition aux promesses que je vous révèle aujourd'hui. Celle qui dit: «Heureux les affligés, car ils seront consolés» ne s'applique pas à n'importe qui ou à tout le monde. Rappelez-vous la question que j'ai formulée dans ce chapitre: «Qu'arrive-t-il aux gens qui sont bons lorsque le malheur les frappe?»

Quand Carol, ma fille, a eu son accident et a perdu sa jambe, ce qui lui tenait le plus à cœur était la photo qu'elle avait reçue de John Wayne et au bas de laquelle l'acteur avait écrit: «Chère Carol: Sois heureuse on t'aime».

Je vous jure que cette phrase m'a fait une impression aussi profonde qu'à Carol. Nous pouvons accepter une grande perte si quelqu'un nous aime et nous aide à passer au travers cette épreuve. Dieu nous envoie des amis.

Keith Miller est un théologien, un philosophe et un psychologue qui, avec des gens tels que Bruce Larson, a contribué à mettre au point ce que l'on a appelé la théologie relationnelle. Au cours des ans, il s'est efforcé d'interpréter les enseignements de Jésus-Christ pour aider les gens à recouvrer la santé. Plus d'un million d'exemplaires de son livre, *La saveur du vin nouveau*, publié aux Éditions Fides, ont été imprimés.

Grâce à son ministère, Keith a connu le succès; il était aimé et admiré. Mais il a dû vivre un pénible divorce. Il éprouvait un sentiment d'échec et, malheureusement, des chrétiens l'ont rejeté en disant: «Comment pouvez-vous être chrétien si vous êtes divorcé?» Mais plusieurs, y compris des gens qu'il avait aidés, sont venus le voir et lui ont dit: «Comment pouvons-nous vous aimer?» Grâce à leur appui, il a été en mesure de ressentir et de comprendre la réalité de la grâce.

Il a aujourd'hui un nouveau ministère, il aide les gens qui souffrent et il leur permet de trouver le véritable pouvoir, leur propre pouvoir, et de découvrir l'amour véritable.

Qu'advient-il des gens qui sont bons lorsqu'ils connaissent des moments difficiles? Ils trouvent d'autres personnes qui les aiment et les appuient. Leur vie connaît un nouvel amour. Ils retrouvent le courage et un sentiment d'apaisement, de soulagement, d'espoir et de paix dont ils n'avaient jamais soupçonné l'existence jusque-là.

DIEU NOUS DONNE SA COMPASSION

Le courage, l'apaisement, une présence... et la compassion. Toute bonne personne qui vit des moments difficiles développe une sensibilité accrue. Il existe une merveilleuse phrase que j'ai souvent citée: «Au service de l'amour, seuls comptent les cœurs brisés». Les gens qui sont bons transforment leurs cicatrices en étoiles.

Le docteur Benjy Brooks est une femme exceptionnelle. Elle a reçu le prix Horatio Algier et peut se targuer d'avoir été la première chirurgienne en pédiatrie des États-Unis. Elle occupe le poste de professeure de chirurgie à l'École de médecine de l'Université du Texas, et celui d'adjointe spéciale du président du comité de déontologie.

Lorsque le docteur Brooks était en cinquième année, son institutrice avait dit à sa mère qu'elle était mentalement attardée. Benjy explique aujourd'hui qu'elle fonctionnait à son propre rythme. Elle a déclaré: «Je n'étais pas vraiment à ma place dans cet endroit et le moule qui m'était imposé ne me convenait pas. Malheureusement, c'est ce que fait notre système d'éducation aux enfants. À certains moments, il les prive de leur créativité et refuse d'accepter leur différence».

Mais Benjy était déterminée à être médecin. En fait, on la trouvait souvent sous la table de la cuisine en train «d'opérer» les poupées de sa sœur à l'aide de ciseaux à manucure. Et elle n'allait pas laisser une institutrice ou un système d'éducation lui barrer la route.

Puis, quelque chose se produisit qui exerça un profond impact sur Benjy et sa carrière médicale. Son unique frère, pilote d'essai dans l'aviation, fut tué à l'âge de 27 ans.

Alors, elle eut du chagrin. Elle dit aujourd'hui de ce chagrin: «Je ne crois pas qu'on s'en remette jamais. On apprend à vivre avec cela. Et j'ai appris à vivre avec la mort de mon frère. Par la suite, dans ma pratique médicale, je l'ai revu à tous les âges sous les traits de petits garçons, puis de garçons plus vieux que j'avais sous les yeux. J'ai été capable de les aimer et de leur faire le don de ma personne comme si chacun avait été mon frère».

DIEU NOUS SUGGÈRE DE NOUVEAUX ENGAGEMENTS

Comment Dieu réconforte-t-il les gens qui sont bons et qui vivent des moments difficiles? Il leur donne du courage, une présence et de la compassion. Il leur fournit aussi de nouveaux engagements. L'un des meilleurs exemples qui soient à ce sujet est celui de Art Linkletter.

C'est un honneur pour moi de dire que Art est mon ami. Son humour et le merveilleux regard qu'il jette sur la société américaine ont mis de la gaieté et du rire dans la vie de tout le monde. Mais au-delà de l'esprit et de l'optimisme de Art, se trouve un homme qui a transformé ses difficultés; il s'est engagé à venir en aide aux jeunes gens aux prises avec le terrible problème de la drogue. Tout cela parce que sa fille a connu une mort tragique à cause de la drogue, et que son fils est décédé dans un accident d'automobile.

Un jour, je lui ai demandé: «Art, comment transformez-vous une tragédie en un triomphe personnel?»

Il m'a répondu à sa manière chaleureuse, intelligente et aimable: «Le plus difficile est d'admettre la tragédie, de l'accepter. Vous n'auriez jamais rien pu y changer, et les voies de Dieu sont, comme nous le savons tous, impénétrables. Cela fait partie de la vie... de la vie et de la mort.

«Après avoir admis et accepté la douleur extrêmement profonde de la blessure, vous commencez à vous rendre compte que vous avez développé davantage votre capacité d'aimer et d'aider les gens. Jusqu'à ce que vous souffriez, vous ne pouviez vraiment comprendre la douleur des autres. Si vous n'avez pas connu l'échec, vous ne pouvez connaître le véritable succès. Dans mon cas, la douleur m'a poussé à entreprendre une croisade contre l'usage des drogues dans le but d'aider les jeunes et leur famille.

«Tout le monde ne sera peut-être pas appelé à lancer une croisade comme je l'ai fait, mais tout le monde peut aimer et aider ses semblables. Nous connaissons tous quelqu'un qui a besoin d'amour aujourd'hui».

Je suis d'accord. «Au service de l'amour, seuls comptent les cœurs brisés».

Les gens qui vivent une tragédie jettent soudain un regard neuf sur leur vie. Leur perspective change. Certaines des idées auxquelles ils tenaient beaucoup ne revêtent plus tellement de sens désormais. Leurs vieilles valeurs ne leur semblent plus aussi précieuses. Leur système de valeur change. Et croyez-moi, quand votre système de valeur change, votre cœur, votre humeur et votre esprit changent. Votre vie et vos rapports avec les gens se modifient.

Je me souviens m'être rendu à la maison d'une femme très riche qui avait vécu une grande tragédie personnelle. Cette femme possédait des vases chinois de la dynastie des Ming, elle était propriétaire de bijoux et d'autres objets très beaux et très précieux. Elle me souhaita la bienvenue et me dit: «Docteur Schuller, je vous ai déjà entendu dire à la télévision: «Les problèmes ne vous laissent jamais là où ils vous ont trouvé.» Cela est tellement vrai».

Elle ajouta: «Ce que je possède a bien moins de valeur à mes yeux maintenant. Oh, j'aime bien tout cela et je ne vais pas le jeter. Mais si un incendie se déclarait et que je ne puisse prendre qu'une chose avec moi, je ne choisirais plus ce vase Ming comme je l'aurais fait auparavant. Savez-vous ce que je prendrais? Les photos de famille».

Lorsque la tragédie frappe, les valeurs changent. La famille devient plus importante: mari, femme, parents, enfants. Les rapports avec les gens deviennent plus précieux, et la vie elle-même plus importante que toute occupation quotidienne ou tout bien matériel. Lorsque vos valeurs changent, votre vie se transforme. Et c'est pourquoi les affligés sont vraiment consolés. Croyez-le ou non, ils sont heureux.

TROISIÈME ATTITUDE POUR ÊTRE HEUREUX

«Je vais rester calme, détendu et correct»

«Heureux les doux,
car ils recevront la terre en héritage».
(Matthieu 5,4)

« Heureux les doux, car ils recevront la terre en héritage». Cela ne vous semble-t-il pas ridicule? Nous vivons dans un pays très puissant, les États-Unis d'Amérique. Ne savons-nous pas tous que c'est le promoteur puissant et très énergique qui a le dernier mot?

«Heureux les doux, car ils recevront la terre en héritage.» Si Jésus avait dit: «Heureux les doux, car le Royaume des Cieux est à eux», nous pourrions mieux le comprendre. Mais dire que les doux recevront la terre en héritage nous semble quelque peu ridicule, car nous connaissons très bien les théories populaires du succès.

Qu'est-ce que Jésus voulait dire lorsqu'Il a dit: «Heureux les doux, car ils recevront la terre en héritage»? Cela signifie-t-il dire que nous ne devons jamais élever la voix et nous défendre? Des injustices se produisent dans notre société. Nous vivons dans un monde où il existe des préjugés. Comment doit-on faire face à ces préjugés? Ce verset signifie-t-il que nous devons être des paillassons et nous laisser piétiner?

Cela me rappelle une histoire de mon ami catholique, le père Joseph Murphy, à propos d'un groupe de religieuses qui assistaient à un match de base-ball. Des anticatholiques prenaient place derrière les religieuses. L'un des anticatholiques cria très fort, à l'intention des religieuses: «Allons au Texas j'ai entendu dire qu'il n'y a pas beaucoup de catholiques là-bas.»

Son compagnon lui répondit: «Allons en Oklahoma, nous y trouvons encore moins de catholiques».

Et le premier de dire: «Allons en Alaska, il n'existe presque pas de catholiques.»

À ce moment, une des religieuses se retourna et dit: «Pourquoi n'allez-vous pas en enfer? On n'y trouve pas un catholique».

«Heureux les doux (...)» Cela veut-il dire que nous devons accepter en silence les insultes et les injustices avec une totale soumission? Eh bien, si nous nous reportons au grec original et que nous examinons le terme traduit par le mot «doux», nous voyons comment un malentendu à pris naissance dans ce verset.

Le mot «doux» n'est pas vraiment une bonne traduction par rapport à l'usage moderne; il avait une signification différente voilà 400 ans, en Angleterre, quand on a procédé à la traduction du roi Jacques. Une traduction moderne plus appropriée serait: «Heureux les puissants, les gens émotivement stables, ceux qui sont ouverts à l'éducation, ceux qui sont bons, car ils recevront la terre en héritage». Voilà le genre de personne qui réussira et «recevra la terre en héritage».

Que signifie le mot «doux»?

Il veut dire:

- Puissant;
- Émotivement stable;
- Ouvert à l'éducation;
- Bon.

HEUREUX LES PUISSANTS

Je peux déjà entendre les protestations: «Attendez un peu! Avez-vous dit: «Heureux les puissants»? Comment diable pouvez-vous substituer le mot «puissant» au mot «doux»? Cette fois, vous êtes allé trop loin, docteur Schuller!»

Oh, mais vous pouvez lire ce verset de la manière suivante: «Heureux les puissants». Pensez-y. Qu'est-ce que la force véritable? Qu'est-ce que la puissance véritable? Qui est le plus fort? Le jeune homme qui se laisse aller à sa rage et qui devient violent physiquement ou verbalement? Ou celui qui conserve son calme, sûr de sa force intérieure?

Qui sont les puissants? Les puissants sont des gens qui savent faire preuve de retenue. Ils savent que le pouvoir véritable réside dans la maîtrise et la discipline, que nous ne devons pas arracher les jeunes plants avec les mauvaises herbes et briser les racines de la bonté et de la tendresse humaine. Ce sont des gens qui demeurent doux tout en se donnant des forces, qui savent pardonner tout en étant puissants. Heureux soient-ils, car ils ne gagneront pas simplement une guerre; ils se gagneront les cœurs d'une nation!

Les doux sont également puissants lorsqu'ils transforment leurs problèmes en projets, lorsqu'ils font des serviteurs de leurs chagrins, lorsqu'ils transforment leurs difficultés en dividendes, leurs obstacles en occasions de réussite, leurs tragédies en triomphes, leurs défaites passagères en étapes conduisant à la réussite. Ils considèrent une interruption comme un intermède intéressant. Ils tirent profit de leurs difficultés. Ils se font des amis de leurs ennemis! Ils traitent l'adversité comme une aventure.

Jamais je n'oublierai le marathon de 1982 à New York, non pas à cause du vainqueur, mais à cause de la jeune fille qui est arrivée dernière. Linda Down et sa sœur jumelle sont nées voilà 28 ans, souffrant de paralysie cérébrale. Elles souffrent donc d'un manque de coordination motrice et d'équilibre, et sont victimes de spasmes musculaires. Elles ne peuvent se déplacer qu'avec l'aide de béquilles spéciales. Et pourtant, Linda Down a inspiré toute l'Amérique lorsqu'elle a complété un parcours de marathon de 42 km en marchant avec des béquilles!

Le fait, pour une personne handicapée, de rêver de participer au marathon de New York peut sembler un but inintelligent. Mais Linda n'est pas idiote. En fait, elle possède une maîtrise en travail social. Je lui ai donc demandé:

«Qu'est-ce qui vous a poussé à tenter de participer à un marathon?» Elle m'a répondu: «Eh bien, je crois que je voulais me mettre à l'épreuve et voir si je pouvais vraiment le faire. J'avais toujours pensé que c'était impossible à cause de mon handicap. Et puis, j'étais en chômage. Je voulais faire quelque chose de positif qui puisse aider les gens. Je voulais, en réussissant cela, convaincre les gens qu'ils peuvent faire des choses qu'ils ont toujours eu peur de tenter parce que cela leur semble impossible.

«Il m'a fallu une année entière pour me préparer au marathon et, à certains moments, j'ai vraiment cru que je n'y arriverais pas. Ma plus longue session d'entraînement dans la rue a duré sept heures. Le temps vous semble très long lorsque vous courez pendant sept heures. Je me disais: «Je vais me ridiculiser!» Mais j'ai tenu le coup jusqu'à la fin et j'ai réussi! J'ai réussi! J'ai couru les 42 km.

«Je suppose que je voulais à tout prix réussir. Et je me disais que personne ne s'attendait à ce que je parcoure plus de 0,60 m, alors, quelle que soit la distance que je franchirais, ce serait une réussite pour moi. Je ne savais pas, au début, si j'allais me rendre à la fin, mais je me suis dit que Dieu allait me porter aussi loin qu'Il le voulait, et que j'allais tenir bon jusqu'à ce que je ne puisse plus m'arrêter. Et nous avons réussi!

«Il m'a fallu 11 heures et 54 secondes pour terminer le marathon. C'est un record qui, à mon avis, ne sera pas brisé de sitôt!

«Beaucoup de gens m'ont abordée dans la rue depuis le marathon pour me féliciter. Il y a une femme dont je me souviens particulièrement. Elle m'a confié qu'elle souffrait d'une profonde dépression avant de me voir courir le marathon. Depuis qu'elle m'a vue, elle a été incapable d'oublier mon visage. Et grâce à ce que j'ai été capable de faire, elle s'est dit qu'elle pourrait peut-être surmonter sa dépression».

Linda Down, victime de paralysie cérébrale, a couru un marathon entier, et elle a inspiré des millions de gens! Elle a trouvé le secret du bonheur. Quel est-il? C'est son attitude, son attitude pour être heureuse: «Si je tente l'impossible dans ma situation, peut-être pourrai-je inspirer les autres à être heureux et à réussir aussi».

Qu'est-ce qu'une attitude pour être heureux? Cela consiste à me servir de mon handicap pour tirer les autres de la dépression! C'est ceci: «Heureux les doux, heureux ceux qui sont assez forts pour transformer leurs tragédies en triomphes!»

HEUREUX LES GENS QUI JOUISSENT D'UNE STABILITÉ ÉMOTIONNELLE

Qui est stable émotivement? Les gens qui, par le biais de la discipline, ont acquis un équilibre divin. Ils mettent un frein à leurs impulsions négatives. Ils évitent les distractions et résistent aux tentations qui les stimuleraient et les exciteraient, mais qui affecteraient leurs ressources financières, morales et physiques.

Les gens qui ne maîtrisent pas leurs émotions se laissent aller au découragement et à la dépression. Ils baissent les bras et prennent la fuite. Ils disent par la suite: «J'aimerais revenir en arrière, mais c'est impossible. Ça ne me sera pas permis, car je me suis dérobé quand les difficultés sont survenues. On ne veut pas de ce genre de personne».

Heureux ceux qui sont équilibrés émotivement. Ils ont leurs hauts et leurs bas, mais ils ne se laissent pas écarter de leurs buts dans les moments difficiles. Ils n'abandonnent pas lorsqu'ils font face à leur premier obstacle, à leur première défaite. Ils tiennent le coup jusqu'au bout plutôt que de lancer la serviette dès le premier coup bas.

Les doux sont émotivement stables. Ce sont des gens qui ont la force de résister à la tentation, et seuls ceux qui possèdent cette force intérieure finiront par réussir. Plusieurs personnes, j'en ai peur, se laissent séduire par les lumières qui brillent, la musique tonitruante et les appels aux sensations fortes. Trop souvent, les gens manquent de retenue et se laissent prendre par des modes culturelles passagères. Ils perdent leur temps à pourchasser des étoiles filantes.

Heureux les gens honnêtes et travailleurs. Ils sont plus intéressés par la substance que par le style. Ils sont davantage préoccupés par ce qui forme le caractère que par leur popularité. Ils souhaitent plus réaliser des choses valables que de courir après un bonheur instantané mais irréel.

Les gens équilibrés au niveau de leurs émotions n'oublient jamais leurs objectifs. Ils gardent les yeux fixés sur leurs buts. Et si des problèmes surviennent, ils les règlent patiemment et font face à leurs difficultés. Beaucoup de gens parviennent au sommet après avoir supporté avec constance des situations difficiles. Ils ont peut-être été tentés de faire demi-tour et de courir, ou de se venger de ceux qui leur ont fait du mal. Bien des gens ont traversé des moments difficiles au travail, dans leur vie matrimoniale, avec leurs enfants, et leur patience leur a été salutaire.

Dans le Nouveau Testament (Luc 18,1), Jésus raconte une histoire pour enseigner aux gens la valeur de la patience et les presser de ne pas se décourager. Une veuve cherchait à se protéger de son adversaire. Elle harcelait sans cesse le juge de sa ville. Au début, le juge, «qui ne craignait pas Dieu et se moquait des hommes», fit la sourde oreille. Cependant, elle le harcelait tellement qu'il lui accorda enfin la protection légale dont elle avait besoin.

Les doux sont patients. Et les patients recevront la terre en héritage. Un exemple moderne de la valeur de la patience et des récompenses qui l'accompagnent nous est donné par une jeune femme qui a gagné mon respect et mon admiration. Son nom est Lisa Welchel. Plusieurs d'entre vous la connaissent dans le personnage de Blair, la jeune fille riche et snob de la série télévisée *The Facts of Life*.

Beaucoup de gens diraient que Lisa «a reçu la terre en héritage.» Elle a du succès, elle est célèbre, fortunée, belle et talentueuse. Mais, par-dessus tout, elle est respectée et admirée de ses pairs et de ses collègues.

Si vous êtes familier avec le personnage de Blair, vous vous dites peut-être: «Allons donc, Schuller, elle a peut-être reçu la terre en héritage, mais Blair n'a rien de doux.» Exact, Blair n'est pas douce. Mais Lisa l'est. Elle personnifie le sens original de cette béatitude. Car Lisa est «douce»: *elle sait d'où proviennent sa force et son succès.*

Lisa a débuté à l'âge de sept ans. Elle a appris que l'on procédait à des auditions pour le Mickey Mouse Club, alors elle a écrit et demandé une audition. On lui répondit que les auditions étaient terminées et que la distribution avait été choisie. Mais Lisa n'abandonna pas. Elle écrivit d'innombrables lettres. Dans la dernière de ces lettres, on pouvait lire: «Je suis chrétienne, et je crois que Disney est le seul endroit où je peux actuellement travailler, car le contexte des autres émissions ne correspond pas à ce que je voudrais représenter. J'apprécierais vraiment que vous m'offriez la chance d'être reçue par une audition. Je serais prête à défrayer le coût de mon transport en avion». Les gens de Disney acceptèrent de donner cette chance à Lisa. Ils l'aimèrent et elle décrocha le rôle. Par la suite, elle obtint le rôle de Blair, dont le personnage est très différent de sa personnalité.

Lisa est une jeune fille charmante et agréable qui vit et travaille à Hollywood, et plusieurs diraient qu'il est difficile, sinon impossible pour une jeune fille belle, jeune et célibataire d'y conserver ses vieilles valeurs et de s'y comporter en chrétienne. J'ai interrogé Lisa à ce sujet, et voici ce qu'elle m'a répondu: «Eh bien, vous savez, à mon avis, les valeurs que le Seigneur nous a inculquées ont notre bien pour objectif. Et si nous croyons que nous voulons faire quelque chose qui soit contraire à ces valeurs, eh bien d'accord, mais nous ne parviendrons qu'à nous faire du mal si nous acceptons. Dieu connaît l'avenir et Il sait pourquoi Il a fixé certaines règles. Je crois que le Seigneur est juste. Comme Il le dit, Il est notre Père et Il nous protège. Tant que je me rappellerai que les règles de Dieu ont été fixées pour mon bien et mon bonheur, et qu'Il sait mieux que moi ce qui me convient, j'aurai de la facilité à respecter ces règles».

Lisa connaît le secret du bonheur. Et permettez-moi d'ajouter ceci: «Une jeune fille qui sait se garder pure dans la vie privée a une lueur chaleureuse dans le regard qui est tout à fait contraire à la dureté du regard de certaines personnes. Elle est si pétillante, si enthousiaste. Je lui ai demandé: «Lisa, où puises-tu ton enthousiasme, ton amour de la vie?» Elle m'a donné une réponse dont la valeur psychologique et théologique ne fait aucun doute. Elle a dit: «Cela vient du fait que je sais que l'on m'aime quoi qu'il arrive, que je n'ai pas à faire quoi que ce soit d'exceptionnel et que je n'ai même pas à être bonne. Je n'ai pas à respecter non plus les lois du Seigneur pour être aimée. Sa grâce et sa miséricorde sont totales. Je sais que je suis aimée du simple fait qu'Il m'a créée. Alors, si je commets une erreur, je commets une erreur, mais Jésus m'ouvre quand même les bras. Et si je me conduis bien Il est là pour m'encourager. Quand vous savez que l'on vous accepte totalement tel que vous êtes, il est beaucoup plus facile d'être vous-même avec les gens. Si l'on m'accepte, tant mieux, mais si l'on ne m'accepte pas, ce n'est pas un drame, car je courrai me réfugier dans les bras de Papa, de Jésus, de mon Père céleste».

«Heureux les doux». Heureux les gens émotivement stables, les gens patients, persévérants, car ils recevront la terre en héritage. Ils réussiront. Ils verront leurs rêves divins se réaliser.

Il y a un principe de succès que j'appelle le principe «contreplaqué». Voici ce que je veux dire: «Vous faites une promesse, et vous la tenez. Vous acceptez un travail, et vous le faites. Vous tentez quelque chose d'impossible, et vous réus-

La persévérance
passionnée,
sans impertinence,
conduit au progrès!

sissez. Finalement, au cours des ans, des décennies peut-être, vous avez accumulé, «superposé» les réalisations à force de tenir vos promesses et de remplir vos engagements. Votre réputation est semblable à une poutre contreplaquée: elle est durable et résistante. Les gens croient en vous. Votre parole a du poids. Ils signeront un contrat avec vous parce qu'ils savent pouvoir se fier à vous. À cette étape, vous avez «reçu la terre en héritage». Heureux les gens patients, persévérants. Ils finiront par remporter la victoire.

HEUREUX LES GENS OUVERTS À L'ÉDUCATION

Si nous devions nous reporter à la version grecque originale des béatitudes, nous verrions que quand Jésus a dit: «Heureux les doux», Il aurait très bien pu dire: «Heureux les gens ouverts à l'éducation, car ils recevront la terre en héritage. Les gens ouverts à l'éducation, ceux à qui nous pouvons enseigner des choses, et qui ne prétendent pas tout connaître. Dans leur vie, il y a de la place pour la croissance. Ils écoutent. Ils ne sont pas sur la défensive. Ils ne pensent pas seulement à leur ego. Ils pensent plutôt au succès. Si leur méthode n'est pas la meilleure, ils en changeront. Heureux les gens ouverts à l'enseignement, car ils réussiront.

Heureux ceux qui connaissent les lacunes de leur savoir et qui sont impatients d'écouter les gens plus âgés, plus sages et plus expérimentés. Heureux ceux qui se rappellent qu'un apprentissage limité est dangereux. Heureux ceux qui n'oublient jamais que nous ne sommes jamais trop vieux pour apprendre. Ils recevront en héritage une grande sagesse et la réussite.

Les gens ouverts à l'éducation sont humbles et il est possible de leur enseigner des choses. Être humble, ce n'est pas se dépriser, se dire: «Je ne suis rien. Je ne peux réussir». L'humilité, ce n'est pas cela. Il peut s'agir d'une réaction acquise imposée par la culture ou la foi. Il peut s'agir de la projection d'un complexe d'infériorité. Mais la véritable humilité ne consiste pas à se dénigrer soi-même. La véritable humilité consiste à être conscient du fait que des gens peuvent vous aider. La véritable humilité consiste aussi à être capable de dire: «J'avais tort. Vous aviez raison».

La véritable humilité consiste à être capable de dire: «Je ne veux pas avoir le dernier mot si j'ai tort. Je ne veux pas avoir le dernier mot si cela doit s'avérer une erreur.»

Examinez l'alternative. Jusqu'où une personne arrogante, qui croit tout savoir, peut-elle aller? Pas très loin. Et si elle est capable d'atteindre ses buts grâce au vol ou à la manipulation, ses gains mal acquis ne serviront qu'à nourrir son attitude destructrice, et elle sera, à coup sûr, malheureuse.

Jésus l'a dit: «Que sert donc à l'homme de gagner le monde entier, s'il ruine sa propre vie?» (Marc 8,36)

Qui sont les doux? Ce sont les gens qui commencent par dire en toute humilité: «Dieu a quelque chose pour moi. Qu'est-ce que c'est?» L'humilité ne consiste pas à avoir une moindre idée de soi, mais à avoir une plus grande idée de Dieu et du rêve qu'Il nous réserve. Être doux, c'est faire la volonté de Dieu où que nous soyons.

J'ai eu récemment le bonheur de prononcer une allocution au Dunbar High School de Washington, D.C. Ce collège est situé dans l'enceinte de Washington. Il abrite probablement entre 400 ou 500 jeunes. J'étais heureux de m'y trouver, car l'établissement porte le nom d'un homme, Paul Lawrence Dunbar, qui est l'un de mes poètes favoris. J'ai demandé à ces jeunes gens au visage rayonnant et attentif: «Avez-vous déjà entendu ces vers écrits par le grand poète noir, Paul Lawrence Dunbar?»

«Le Seigneur avait un travail à me confier.
Mais j'avais tellement à faire
Que je lui dis: «Demande à un autre,
Ou attends que j'aie terminé».
Je ne sais pas comment le Seigneur s'y est pris,
Mais Il a semblé s'en tirer.
Cependant, j'avais une mauvaise impression,
Je savais que j'avais mal agi.

Un jour, j'ai eu besoin du Seigneur,
Un besoin urgent, immédiat,
Mais Il ne m'a jamais répondu.
Je pouvais l'entendre dire,
Dans mon cœur coupable:
«Frère, j'ai tellement à faire;
Trouve quelqu'un d'autre,
Ou attends que j'aie terminé».

Maintenant, quand le Seigneur a un travail pour moi,
Je n'essaie jamais de fuir,
Je laisse tomber ce que je fais,
Et j'accomplis ce que le Seigneur me demande.
Et mes affaires peuvent suivre leur cours,
Ou attendre que j'aie terminé
Nul ne peut faire le travail
Que Dieu m'a réservé à moi.»

Soyez ouvert. Soyez humble. Acceptez d'être corrigé. Alors vous entendrez la voix de Dieu. Vous verrez ce qu'Il vous réserve. Donnez-y tout ce que vous avez, et vous recevrez la terre en héritage!

HEUREUX CEUX QUI SONT BONS

Il s'agit de la dernière clé permettant de comprendre ce que voulait dire Jésus lorsqu'Il a dit: «Heureux les doux». Sans la bonté, les puissants sont des brutes. Sans la bonté, les gens dont l'équilibre émotif est stable sont froids et durs au point de vue de leurs émotions. Sans la bonté, les gens ouverts à l'enseignement deviennent arrogants.

La personne véritablement douce est puissante, émotivement stable, ouverte à l'éducation et bonne. Sans la bonté, il nous manque un important élément; nous sommes égocentriques, condamnés à l'échec et au malheur. Lorsque cet élément fait défaut, l'attitude de la personne est axée sur le malheur. Grâce à la présence des quatre éléments, l'attitude est axée sur le bonheur.

Qui sont les personnes bonnes? Ce sont des personnes compatissantes. Heureux le cœur qui est sensible à l'insécurité de son prochain. Aimant est celui qui se montre rassurant face à l'hostilité, affectueux face à la solitude, aimable devant la douleur et qui peut tout excuser. Heureuse une telle âme, car elle recevra en héritage le dévouement et l'estime de toutes les bonnes personnes de cette terre!

J'ai rencontré beaucoup de ces âmes sensibles — environ 185 d'entre elles — à une école de Long Beach, en Californie. Il s'agit de l'école Florence Nightingale pour les personnes attardées mentalement. Clyde Thompson, directeur de l'institution au moment de ma visite, et Larry Bruns, un employé, étaient membres de ma congrégation. Ils nous ont invités à visiter l'école. L'expérience a été inoubliable.

Les attardés mentaux se divisent en trois catégories. Dans la catégorie supérieure sont les personnes «éducables». Elles ne sont que légèrement atteintes et ont une capacité intellectuelle leur permettant de se mériter un diplôme collégial. Elles peuvent fonctionner en société, et la plupart des gens ne se rendront même pas compte de leur léger handicap.

La catégorie inférieure se compose de gens qui semblent incapables de quelque apprentissage formel que ce soit — les hydrocéphales, qui ont une tête énorme, et les microcéphales, dont la tête est extrêmement petite.

Dans la catégorie médiane, on retrouve notamment des gens atteints du syndrome de Down. Plusieurs de ces personnes peuvent apprendre à lire et à compter, et la plupart peuvent comprendre le sens des illustrations.

La visite de cette école a été une expérience fantastique. Pendant celle-ci, 20 enfants au moins ont arrêté monsieur Thompson alors que mon épouse et moi marchions à ses côtés. Ils arrivaient en courant et disaient: «Monsieur Thompson, regardez, j'ai fait cela tout seul.» À d'innombrables reprises, j'ai entendu cette phrase: «Regardez, je l'ai fait tout seul.»

Clyde Thompson et les membres de son personnel sont des gens sensibles. Ils ont fondé leurs efforts sur les points forts de ces enfants et les ont aidés à ressentir de la fierté, de l'estime de soi et un sentiment d'accomplissement. Et les étudiants sont eux-mêmes des gens sensibles. À l'école Florence Nightingale, il n'y a aucun problème de violence, de bagarre de rue et nul n'a jamais été battu ou poignardé. Et il n'y a pas de graffiti sur les murs.

Si quelqu'un perd un crayon ou une pièce de monnaie dans la cour de récréation, l'enfant qui trouvera l'objet perdu se rendra en courant au bureau du principal en disant: «Voilà, j'ai trouvé cela dans le gazon». Les vols n'existent pas.

Je préfère
changer d'idée et réussir
que d'avoir
le dernier mot et échouer.

Tous les élèves de cette école, âgés entre 6 et 21 ans, apprennent à faire *quelque chose*; personne n'échoue. On leur apprend à faire preuve de créativité: à tisser, à coudre, à imprimer ou à dessiner. Quand ces jeunes sortent de l'école, il y a une usine non loin où ils sont tous embauchés. J'ai observé des diplômés de l'école qui remplissaient une commande destinée à un fabricant de boyaux d'arrosage de jardin. Ils devaient placer six rondelles d'étanchéité dans un petit sac de plastique. C'était une sorte de travail à la chaîne.

Comment les administrateurs s'assurent-ils que des enfants attardés, et qui ne peuvent compter, placeront exactement six rondelles dans chaque sac de plastique? C'est bien simple! Les éducateurs ont conçu une petite pièce de bois d'une hauteur d'environ 3 cm. Les enfants doivent enfiler des rondelles dans cette pièce de bois jusqu'à ce qu'elles recouvrent le sommet. Ensuite, ils placent les rondelles dans leur sac. La pièce de bois ne peut accepter que six rondelles. Alors les enfants ne commettent jamais d'erreurs. Ils travaillent des journées entières et ne se plaignent pas. Ils expriment une attitude pour être heureux et ce sont de belles personnes!

J'ai quitté cette école baignée dans un milieu d'amour, de bonne volonté, de créativité et d'estime de soi: «Je l'ai fait tout seul!»

«Heureux les doux». Et les doux sont des gens sensibles et bons. Ils édifient ceux qu'ils côtoient. Ce sont aussi des gens calmes. Ils font beaucoup de bien à de nombreuses personnes, mais sans fanfares ni trompettes, sans rechercher la gloire ou les gros titres. Ils recevront en héritage la confiance, le respect et l'amour des véritables personnes de valeur sur cette terre!

Il y a bientôt 25 ans que j'ai enterré Rosie Gray après une cérémonie toute simple dans un cimetière de la petite ville de El Toro, en Californie.

Par nécessité, j'avais fondé mon église dans cette ville, dans un ciné-parc. Et le premier dimanche, un propriétaire de ranch de Californie avait installé sa femme dans sa voiture pour l'emmener à cette église en plein air. Puis un jour, il m'a téléphoné et m'a demandé de rendre visite à sa femme, à leur maison.

Jamais je n'oublierai Warren Gray, le mari, lorsqu'il est venu m'accueillir devant sa petite maison de ferme en disant: «Révérend Schuller, avant que vous rencontriez ma femme, je dois vous dire quelque chose à son sujet. Vous risquez de croire qu'elle n'a pas toute sa tête, mais son cerveau est parfait, absolument parfait. Elle a été victime d'une embolie, et elle ne peut lever la tête. Elle ne peut fermer les yeux et elle ne peut les bouger; elle a toujours le regard fixe. Elle garde toujours la tête penchée sur sa poitrine. Elle ne peut marcher et ne peut parler. Elle peut pleurer et grommeler un peu, mais c'est tout».

Je suis entré dans la maison. Elle était assise, tête inclinée, dans un vieux fauteuil trop rembourré, le menton appuyé sur sa poitrine. Ses yeux étaient grands ouverts et ne clignaient jamais!

Je me suis agenouillé devant elle afin d'établir un contact visuel, et je lui ai demandé: «Rosie, aimez-vous Jésus?» Une larme roula sur sa joue.

«Rosie, voulez-vous être baptisée?»

Deux autres larmes descendirent sur son visage et elle grogna «Euh! euh! euh!»

Le dimanche suivant, Warren stationna leur voiture à la première rangée du ciné-parc. Je fixai un long fil à mon microphone, je me rendis à la voiture et, par la fenêtre ouverte de la portière, je la baptisai.

À cette époque, nous étions sur le point de déménager notre église dans une très belle chapelle que nous avions construite sur environ 10 000 m^2 de terrain. Qu'allions-nous faire à propos de Rosie Gray? Le cinéma en plein air avait répondu à la perfection à ses besoins.

Nous avons pris la décision de célébrer des services à 9h30 dans la nouvelle chapelle. Ensuite, je devais me rendre au cinéma en plein air pour prêcher à l'intention de Rosie, installée dans sa voiture. Je devais procéder ainsi jusqu'à son décès. «Ça ne sera pas très long», nous disions-nous. Mais une année s'écoula, puis deux, trois, quatre, puis cinq; elle ne voulait pas mourir! Étonnant!

Heureux
ceux dont les rêves
sont modelés
par leurs espoirs,
et non par
leurs souffrances!

Finalement, Dieu nous parla de son rêve concernant une église pour le moins inhabituelle. Pourquoi ne pas concevoir un édifice dont les murs pourraient s'ouvrir pour que les gens, de leur voiture, joignent leurs prières et leurs louanges à celles des fidèles placés à l'intérieur?

Alors, nous avons acquis un plus grand terrain et nous avons conçu une telle église. La cérémonie d'inauguration a eu lieu un dimanche. Les journaux locaux en ont fait état le lundi matin. La première église intérieure-extérieure avait vu le jour. L'après-midi du même jour avaient lieu les funérailles de Rosie Gray.

Aujourd'hui, la Cathédrale de Cristal, où se rassemblent les fidèles de ma congrégation, est dotée de murs qui s'ouvrent à l'intention des fidèles qui assistent aux cérémonies religieuses assis dans leur automobile. Et je serai toujours convaincu que notre église unique n'aurait jamais été ce qu'elle est sans Rosie Gray! C'était une femme tranquille et douce, mais elle a exercé un énorme impact sur la direction qu'a pris mon ministère.

Les gens qui sont bons ont des esprits sensibles. Ce sont des gens calmes par le biais desquels Dieu peut faire tant de choses. Ce sont aussi des gens qui acceptent d'être troisièmes. Heureux ceux qui acceptent de faire passer Jésus en premier, leurs semblables en second, et qui se contentent de la troisième place. Ils seront richement récompensés en cette vie ceux qui apprennent la leçon du Seigneur selon laquelle tout homme qui désire être maître doit apprendre à être un serviteur:

- «Celui qui voudra devenir grand parmi vous, se fera votre serviteur, et celui qui voudra être le premier d'entre vous, se fera votre esclave». (Matthieu 20,26-27).
- «Qui aura trouvé sa vie la perdra et qui aura perdu sa vie à cause de moi la trouvera». (Matthieu 10,39).

Les gens qui sont bons sont des personnes sensibles, calmes, qui acceptent d'être les troisièmes. Mais plus important encore, ce sont des gens qui sont modelés par Dieu et par le Christ.

Je chérirai toujours le merveilleux tableau que j'ai reçu de l'évêque Fulton Sheen, alors qu'il vivait encore. On peut y lire: «À mon cher ami, le docteur Robert Schuller», puis ce texte:

«Certains viennent en chariot,
D'autres à cheval,
Mais nous venons au nom du Seigneur».

Oui, heureux ceux qui arrivent sans tambours ni trompettes, qui sont humbles, honnêtes, et qui portent la Parole du Seigneur.

Cela commence à avoir du sens, n'est-ce pas?

«Heureux les doux, car ils recevront la terre en héritage».

Bien sûr! Pensez à l'attitude contraire. Les orgueilleux, les arrogants, les présomptueux et les vantards sont condamnés à avoir peu d'amis. Les personnes brutales qui ne pensent qu'à elles, qui jouent des coudes et piétinent leurs semblables sont contraintes au malheur; elles se feront beaucoup d'ennemis. Les gens qui croient tout savoir s'exposent à l'échec. Sourds à la critique constructive, refusant de suivre les bons conseils et indifférents aux mises en garde, ils se dirigent vers la chute finale.

Les prompts à s'irriter sont réprimés! Malheureux ceux qui perdent leur sang-froid et qui sont trop orgueilleux pour dire: «Je suis désolé». Ils ne recevront jamais la terre en héritage. Ils ne conserveront même pas leur emploi et ils s'exposeront même à perdre leur conjoint. Les impatients, les promoteurs sans scrupules sont candidats pour l'enfer. Ils gagneront peut-être une couronne, mais ils perdront leur royaume! «Que sert à l'homme de gagner l'univers s'il vient à perdre son âme?»

«Heureux les doux, car ils recevront la terre en héritage». Cette attitude pour être heureux commence à prendre l'apparence du meilleur conseil jamais offert.

Rien de plus vrai. À la longue, ceux qui conquièrent le monde qui les entoure sont ceux que Jésus appelle les «doux»; ceux qui se maîtrisent, les patients, les honnêtes, les calmes, les gens fermes, puissants, mais avec de la retenue, disciplinés, équilibrés. Les gens dont la vie se modèle sur celle de Dieu et du Christ et qui est dominée par l'Esprit-Saint forment un train qui s'arrêtera souvent à la gare du bonheur.

Examinez l'exemple ultime de la personne véritablement «douce», voyez la vie de Jésus-Christ:

On l'a attaqué émotivement:
On lui a craché dessus,
On l'a insulté,
Dévêtu,
Ridiculisé,
Méprisé.

Il a été conduit comme un agneau à l'abattoir.
Et jamais, Il n'a réagi!

FOU?
Il a reçu la terre en héritage, n'est-ce pas?
Il n'y a pas une contrée où Il n'est pas aimé!

Il a manifesté une détermination tranquille:
Sûr de lui, Il est entré à Jérusalem.
Il savait ce qu'Il avait à faire. Et Il l'a fait!

RIDICULE? DÉMENT?

Il a reçu la terre en héritage, n'est-ce pas? Des gens de toute couleur et de toute origine s'agenouillent devant Lui!

Il a été doux, bon, miséricordieux, aimant, même avec les gens qui l'ont tué.

«STUPIDE!» dites-vous. VRAIMENT?

Il a pu se présenter devant Dieu avec une conscience propre après sa mort.

«Tout est consommé», a-t-Il dit. Et aujourd'hui, le monde l'aime!

Ses ennemis, ce sont eux qui sont morts en réalité. Mais le Christ vit toujours! Harry Kemp a écrit:

J'ai vu passer les conquérants
La cruauté se lisait sur leurs traits
Des royaumes avaient été saccagés et brûlés.
Là où était passé le Mongol, Gengis Khān.

Et Alexandre, tel un Dieu,
Qui voulait unifier le monde,
Et César, avec sa couronne de lauriers
Et, comme s'ils étaient sortis de l'enfer, les Huns.

Et à leur tête, comme une étoile,
Indifférent aux bras tendus et aux plaintes,
Le mystérieux Napoléon passa,
Solitaire, rêvant d'un empire

Puis, tous disparurent de la surface de la terre
Comme des ombres qui fuient
Et, conquérant les siècles,
Vint Jésus, sans armes, sur un âne!»

«Heureux les doux, car ils recevront la terre en héritage». À moins de comprendre cette béatitude, qui a pour objet de faire de vous une personne semblable à Jésus en l'acceptant comme votre Seigneur et Sauveur, vous ne trouverez jamais le véritable secret du bonheur. Vous lirez tout ce livre et vous vous demanderez pourquoi vous êtes toujours malheureux, déprimé, à la recherche de quelque chose de plus.

Êtes-vous doux?

- Êtes-vous suffisamment fort pour vous maîtriser et vous discipliner?
- Êtes-vous assez stable émotivement pour résister à la tentation?
- Êtes-vous assez ouvert à l'éducation pour constater que vous ne pouvez vous en tirer seul?
- Êtes-vous assez bon pour être sensible, calme, altruiste, selon le modèle du Christ?

Si tel est le cas, vous avez maîtrisé le tiers des attitudes pour être heureux. Vous parviendrez à la fin de votre vie avec de la fierté derrière vous, de l'amour autour de vous et de l'espoir devant vous. Que demander de plus?

QUATRIÈME ATTITUDE POUR ÊTRE HEUREUX

«Je veux vraiment faire ce qu'il faut!»

«Heureux les affamés et assoiffés de justice, car ils seront rassasiés».

(Matthieu 5,6)

« La plupart d'entre nous, en Amérique, ne savent pas ce que c'est que d'avoir faim ou soif. D'accord?

Sheila, ma fille, a récemment dû subir des radiographies. On lui a dit que la veille de son rendez-vous, elle ne pouvait consommer que de la gelée, de la soupe, quelques verres d'eau et rien après minuit.

Au début, Sheila ne croyait pas avoir de difficulté à se plier à ces directives. Lorsqu'elle alla dîner au restaurant avec son mari la veille de ses radiographies, elle fut déçue lorsqu'elle regarda son assiette creuse de soupe et l'assiette plate bien garnie de son mari. À deux ou trois reprises, elle tendit instinctivement la main et prit une croustille dans la corbeille placée au centre de la table, mais, à chaque fois elle se rappela qu'elle n'en avait pas le droit. «C'est alors que j'ai ressenti une déception, mais ce n'était pas la faim... pas encore».

Le lendemain matin, Sheila se rendit à son bureau. Son estomac commençait à réagir. Elle avait désespérément envie de s'offrir une danoise et un bol de café bouillant. Elle était impatiente d'aller à son rendez-vous pour enfin pouvoir manger et boire.

Elle essaya de travailler. Elle n'avait pas l'esprit clair et se sentait faible. Elle se consola en se disant: «Il ne me reste plus qu'une heure à attendre; mon test sera alors passé et je pourrai de nouveau manger».

Elle se rendit à l'hôpital en voiture; elle souffrait maintenant d'un léger mal de tête. Les radiographies furent pénibles et longues, et son mal de tête devint lancinant. Lorsqu'on lui dit que tout était terminé et qu'elle pouvait rentrer, elle se sentait chancelante. Elle avait du mal à concentrer son regard et à percevoir les distances.

Elle téléphona alors à son mari et lui dit: «Jim, j'ai besoin que tu m'emmènes manger d'urgence».

C'est étonnant de voir ce qu'un bon repas a pu produire comme changement.

«Ma force m'est revenue», me disait-elle par la suite. «Mes maux de tête ont cessé. «Ma vision s'est améliorée». Et elle ajouta: «Papa, pour la première fois aujourd'hui, j'ai vraiment connu la faim et la soif! Maintenant, je comprends ce qui nous arrive lorsque nous ne donnons pas à l'organisme la nourriture dont il a besoin».

Donc, la plupart d'entre nous en Amérique ne savent pas ce que c'est que d'avoir faim ou soif. Vrai? Faux! Nous souffrons tous, ou presque, de faim émotionnelle ou spirituelle.

Mère Teresa observait, à l'occasion de l'une de ses premières visites aux États-Unis: «En Inde, les gens meurent de faim physique. Aux États-Unis, les gens meurent de faim émotionnelle».

Pourquoi la majorité d'entre nous recherchent-ils constamment «quelque chose de plus»? Quelque chose nous manque, comme nous le soupçonnons vaguement mais fortement, même quand tout va bien pour nous.

Comment pouvons-nous comprendre, analyser, interpréter ou expliquer l'impatience émotionnelle qui nous presse sans cesse d'aller plus loin, plus haut, d'acquérir plus? Le résultat? L'horloge ne s'arrête jamais. Nous n'apprécions jamais pleinement le moment présent. Nous projetons nos émotions dans les activités et les événements du lendemain. Nous sommes tellement occupés à préparer l'avenir que nous ne goûtons jamais les plaisirs du temps présent.

«J'ai un jour fait le rêve d'être assez riche pour posséder ma propre maison», me confiait une personne qui doit demeurer anonyme. «Lorsque cela s'est produit, j'ai tout de suite voulu autre chose — un endroit où prendre mes vacances. Le jour où j'ai acquis cette seconde résidence, je voyageais tellement que je pouvais à peine jouir de ma résidence principale. Plus je possédais de biens, moins je pouvais en jouir».

Rien ne conduit davantage au désespoir et au découragement que l'intense sentiment que quelque chose nous manque dans la vie. C'est un peu comme se lever au milieu de la nuit et se rendre au réfrigérateur. Vous l'ouvrez sans vraiment savoir ce que vous voulez. Alors, vous grignotez un peu de ceci, vous essayez cela, mais rien n'a vraiment bon goût. Vous refermez finalement la porte et vous retournez vous coucher, sans avoir apaisé votre faim. Vous vous sentez insatisfait. Plusieurs d'entre nous ressentent une telle insatisfaction au plan émotionnel.

Le problème est que trop de gens passent leur vie comme j'avais l'habitude de passer mes jours. Pour moi, le lundi a toujours été ma journée de repos hebdomadaire. Lorsque mon église était plus petite et mon horaire moins chargé, ma femme et moi passions le lundi loin du bureau et de la maison. Lors de ces jours de totale liberté, nous nous posions la question: «Alors, qu'allons-nous faire aujourd'hui?»

Nous avancions plusieurs idées, mais elles ne nous tentaient pas vraiment, ou bien elles étaient trop coûteuses ou trop difficilement réalisables. Finalement, agacés par notre indécision, nous finissions souvent par monter dans la voiture pour nous balader sans but. Nous n'avions aucune destination en tête.

Nous prenions simplement la route en espérant voir quelque chose qui semblait intéressant ou agréable. Souvent, cependant, lorsqu'enfin nous nous décidions quant à ce que nous voulions faire, il était trop tard. Nous avions gaspillé la journée.

Comment pouvez-vous vous assurer de ne pas gaspiller l'unique vie que vous avez à vivre? Comment pouvez-vous satisfaire la faim la plus profonde de votre cœur? D'où provient la satisfaction véritable?

- Provient-elle de la célébrité?
- Le succès est-il la solution?
- La satisfaction vient-elle avec le pouvoir?
- La gratification sexuelle s'accompagne-t-elle d'une véritable satisfaction?

Examinons tour à tour chacun de ces éléments, et peut-être découvrirons-nous ainsi ce qui nous manque.

LA CÉLÉBRITÉ SATISFAIT-ELLE?

Jésus ne dit pas: «Heureux ceux qui recherchent la célébrité, car ils seront satisfaits».

J'ai un ami qui est extrêmement connu dans le monde du spectacle. Il est encore relativement jeune, mais il est devenu célèbre à un très jeune âge, alors que son émission de télévision remportait les meilleures cotes d'écoute. Il gagnait beaucoup d'argent! Il était très en demande. Puis les cotes d'écoute diminuèrent, et aussitôt la chaîne annula l'émission. Il n'avait rien d'autre pour gagner sa vie.

Ce jeune homme tente depuis lors de trouver quelque chose à faire, mais rien ne va. Il connaît des moments vraiment terribles. Et mon ami n'est pas le seul à vivre cette expérience. Il n'est qu'un artiste parmi tous ceux qui ont connu la gloire, pour ensuite retomber dans l'oubli. La gloire est passagère. Elle ne donne pas la satisfaction!

J'ai un autre ami dans le domaine du spectacle, Hugh O'Brian, le célèbre acteur qui jouait le rôle du légendaire justicier Wyatt Earp à la télévision. Hugh a été beaucoup plus chanceux que mon autre ami. Et j'adore la façon dont il explique cela. Il dit: «J'ai découvert très tôt dans mon métier que, qui que nous soyons et quel que soit notre travail, nous devons traverser cinq étapes dans la vie. La première étape est: *Qui est Hugh O'Brian*? C'est là où vous entreprenez votre voyage, où vous semez les graines de la réussite.

«La deuxième est: *Trouvez-moi Hugh O'Brian*. C'est la période où vous avez vos premiers contacts avec le succès.

«La troisième étape est: *Trouvez-moi quelqu'un du genre de Hugh O'Brian*. À cette étape, vous connaissez vraiment beaucoup de succès. Vous êtes au sommet de l'échelle et comme il faut débourser beaucoup pour pouvoir vous garder, alors on cherche quelqu'un qui vous ressemble.

«La quatrième étape est: *Trouvez-moi un jeune Hugh O'Brian*. Tout le monde vieillit. Nous devons tous passer par la quatrième étape. Tout est dans la façon de l'accepter. Demeurez actif et productif pendant cette période. Conservez un objectif.

La cinquième étape est: *Qui est Hugh O'Brian?*

«Or, qui que nous soyons, nous commençons tous par la première étape, et nous en viendrons tous au bout du compte à la cinquième étape: de retour à la «case départ». Tout le succès et l'argent du monde ne nous permettront pas de continuer le moment venu.

«Par conséquent, c'est ce que nous faisons entre la première et la cinquième étape qui fait toute la différence dans la vie. Il est extrêmement important de se doter très tôt de projets, de passe-temps et d'une occupation qui nous garderont actifs. Ainsi, quelle que soit l'étape où nous sommes, nous aurons une raison de vivre».

La raison de vivre de Hugh O'Brian, sa magnifique obsession, est un programme qu'il a mis sur pied, le Hugh O'Brian Youth Foundation. Son but est simplement de rechercher, de reconnaître et de récompenser les habiletés de leadership chez les étudiants de deuxième année du niveau collégial, et d'offrir à ces futurs leaders des séminaires annuels à l'échelle de l'État et à l'échelle internationale. Hugh a eu l'idée de ce programme après avoir passé neuf jours, en 1958, en compagnie d'Albert Schweitzer à Lambaréné, en Afrique. Cette expérience intense a profondément touché Hugh.

Il y a une phrase du docteur Schweitzer qui a particulièrement frappé Hugh. Le docteur Schweitzer disait: «Ce qu'il y a de plus important dans l'éducation, c'est d'apprendre aux jeunes à penser par eux-mêmes». Il disait aussi à Hugh: «Tout le monde a la capacité de créer son propre Lambaréné. Tout le monde a la capacité d'être un enseignant de l'avenir, d'apprendre aux jeunes gens qu'ils ont des possibilités et de leur inculquer comment les réaliser.»

Par le biais de ce programme, Hugh O'Brian et ses bénévoles ont aidé plus d'un million de jeunes gens. Hugh O'Brian est satisfait. (En réalité, il ne l'est peut-être pas; heureusement, il vise de plus hauts sommets!) Mais il ne doit pas sa satisfaction à la célébrité. Il la doit au fait d'avoir une raison d'être, d'avoir donné quelque chose au pays qu'il aime en accomplissant quelque chose de valable sans en calculer le coût, car Hugh n'est pas payé pour ce travail; il est le bénévole par excellence.*

LE SUCCÈS SATISFAIT-IL?

La célébrité ne procure pas la satisfaction. Le succès non plus. Tom Landry, le célèbre entraîneur des Cowboys de Dallas, a énormément de succès. Mais par-dessus tout, il est *satisfait*.

---

* Pour de plus amples renseignements concernant la Hugh O'Brian Youth Foundation, écrivez à: 10880 Wilshire Blvd., Room 1500, Los Angeles, CA 90024.

Le fait de m'oublier
et de me consacrer
en toute sincérité
au service des âmes
qui cherchent
et qui souffrent
satisfait l'estime
que j'ai de moi-même
plus que la stimulation
de la célébrité!

Étonnamment, il m'a confié que sa satisfaction ne provient pas simplement du fait qu'il remporte des matchs de football, même s'il croit qu'il est important de faire tout en son pouvoir pour réaliser ses possibilités.

En fait, Tom dit conserver un slogan bien en vue dans le vestiaire des Cowboys: «La qualité de la vie d'une personne est directement proportionnelle à sa poursuite de l'excellence». Et Tom ajoute: «Je crois fermement à cela. Je crois que Dieu a donné à chacun de nous le talent lui permettant de faire tout ce qu'il veut, et Il attend de nous que nous fassions de notre mieux. Quand nous nous efforçons de réussir au meilleur de nos possibilités, le succès et la victoire vont de soi.

«L'assurance provient de la connaissance. Si vous connaissez bien votre travail, vous aurez suffisamment d'assurance pour bien l'effectuer quand vous arriverez sur le terrain. Vous devez vous montrer positif en tout temps, car si vous vous mettez à envisager des possibilités négatives, vous risquez de rater la coupe du monde, de vous perdre ou d'être congédié la semaine prochaine; ces pensées négatives affaiblissent radicalement vos chances de réussir au meilleur de vos possibilités. Donc, nous essayons de demeurer positifs».

Tom Landry a réussi. Il estime que n'importe qui peut gagner s'il le veut suffisamment, s'il fait assez d'efforts, s'il apprend tout ce qu'il peut et s'il travaille de toutes ses forces. Bien sûr, la pensée positive et une attitude adéquate, claire et positive sont essentielles.

Si nous avons faim et soif d'attitudes positives, de travail ardu, de connaissance et d'excellence, nos chances de gagner augmentent de façon astronomique.

Mais ce n'est pas ce que dit cette béatitude, n'est-ce pas? Elle ne dit pas «Heureux ceux qui ont faim et soif de justice, car ils seront gagnants».

Non. On y dit: «Heureux les affamés et assoiffés de justice, car ils seront rassasiés».

Ma conversation avec Tom Landry ne s'est pas limitée à parler de victoire. Il m'a expliqué comment il en était venu à éprouver une réelle satisfaction.

«Je voulais être un bon entraîneur de football, alors j'y consacrais toute ma vie. En gravissant les échelons jusqu'à devenir un joueur de football professionnel et à remporter des championnats mondiaux avec les Giants de New York (c'est avec eux que j'étais avant de travailler avec les Cowboys), j'ai découvert qu'après l'emballement de la victoire ou du succès, je ressentais toujours un vide et une insatisfaction durables.

«Je ne comprenais pas cela. Je croyais que quelque part on pouvait remporter une victoire qui nous satisferait pour le reste de nos jours. Mais jamais je ne ressentais ce genre de satisfaction, jusqu'à ce qu'un jour un ami m'invite à assister à une session d'étude de la Bible qui devait avoir lieu dans un hôtel de Dallas un mercredi matin. Je me suis dit qu'il était fou: je connaissais l'histoire de Noël et celle de Pâques, et je fréquentais l'église tous les dimanches. Mais c'était un bon ami, alors j'y suis allé. Je m'en souviens comme si c'était hier. Nous lisions le récit du Sermon sur la Montagne dans l'Évangile selon saint Matthieu, où Jésus proclame les béatitudes.

«Eh bien, cela a été ma première véritable découverte de la Bible! C'est la première fois que je l'ai étudiée. J'ai continué et j'ai appris ce qu'est vraiment l'Évangile de Jésus-Christ. Grâce à cela, j'ai accepté le Christ, un an avant de devenir entraîneur des Cowboys de Dallas. J'ai appris ce que veut dire saint Augustin lorsqu'il déclare: «Nos cœurs, ô Dieu, ne trouvent de repos qu'en toi».

«J'ai constaté que je ne ressentais plus de vide et d'insatisfaction. J'ai en fait compris deux choses, docteur Schuller. J'ai découvert que l'on peut fréquenter l'église toute sa vie sans être chrétien. Je ne savais pas cela. Je crois que l'autre aspect que j'ai assimilé, c'est que la vie est une question de priorités. Jusque-là, le football était ma priorité dans la vie. Ma famille et Dieu occupaient une place secondaire. Mais quand j'ai accepté le Christ comme mon Seigneur et mon Sauveur, j'ai découvert que Dieu occupait la première place dans ma vie. Cela a fait toute la différence du monde, et depuis lors ma vie est transformée».

LE POUVOIR SATISFAIT-IL?

Jésus n'a pas dit: «Heureux ceux qui recherchent la célébrité» ou «le succès» ou même «le pouvoir».

Chuck Colson, qui était à une époque l'un des hommes les plus puissants du pays et qui a fait de la prison à la suite du scandale du Watergate, en est un vivant exemple: On ne peut trouver le bonheur dans le pouvoir.

Chuck n'était pas heureux de détenir beaucoup de pouvoir et d'influence. Son pouvoir l'a plutôt mené à la ruine et même à la prison. Mais alors Chuck Colson a trouvé Jésus et a été transformé. Aujourd'hui, il est à la tête d'un ministère actif dans plus de 365 prisons aux États-Unis et dans 21 pays du monde. Il est à la tête de 30 000 bénévoles aux États-Unis, et 58 000 détenus ont suivi avec succès ses programmes de formation évangélique offerts à l'intérieur des prisons. Il déclare: «C'est ce qu'il y a de plus emballant au monde de faire partie d'un mouvement du peuple de Dieu s'efforçant de répandre la bonne nouvelle voulant que Jésus-Christ puisse transformer la vie des gens qui vivent dans les sombres donjons, qu'aux États-Unis nous appelons prisons.

«J'ai côtoyé des gens exerçant les fonctions les plus prestigieuses du monde», poursuit-il. Je suis allé dans des palais. J'ai prêché dans de grandes cathédrales partout dans le monde, mais la plus grande joie et la plus grande satisfaction que j'aie connue, c'est dans une prison, sur un rude plancher de béton, en compagnie d'un détenu endurci qui, dans un déluge de larmes a donné sa vie à Jésus».

L'ASSOUVISSEMENT SEXUEL SATISFAIT-IL?

Comment apaiser vraiment cette faim émotionnelle intérieure? Jésus n'a pas dit: «Heureux ceux qui recherchent la célébrité, le succès ou le pouvoir». Il n'a pas dit non plus: «Heureux ceux qui recherchent le plaisir sexuel.»

Je ne suis pas d'accord avec Freud, qui disait que la passion ou le besoin le plus profond du cœur est le plaisir. L'homme a d'abord besoin d'un sentiment d'estime de soi, de valeur personnelle, d'un sentiment de fierté sanctifié et inspiré du Saint-Esprit. C'est le glorieux sentiment d'Adam et Ève avant leur chute dans le péché.

J'ai demandé un jour au docteur Joyce Brothers, la psychologue bien connue: «Joyce, nommez-moi quelques-uns des besoins psychologiques les plus fondamentaux et les plus profonds que vous constatez chez les êtres humains aujourd'hui».

Elle a répondu: «Je crois que les êtres humains ont besoin d'amour. Il ne s'agit pas nécessairement de l'amour entre un homme et une femme. Ce peut être l'amour de l'humanité, ou l'amour de Dieu. William James l'a dit il y a bien longtemps: «Ce qui importe le plus dans la vie, c'est de vivre sa vie pour quelque chose de plus important que sa vie». C'est ce que font les gens heureux.

«Vous savez, nous vivons à l'époque des drogues miracles, a poursuivi le docteur Brothers, mais le miracle qui contribue encore le plus à prolonger la vie, à rendre les gens heureux, est le plus ancien miracle que nous connaissions. C'est le miracle de l'amour. Et d'un point de vue psychologique, je constate que les gens qui sont bons sont heureux. Les gens heureux sont ceux qui font preuve de bonté.

«Les êtres humains sont capables de tellement de choses. Encore une fois, les psychologues ont découvert que les gens n'utilisent que 10% de leurs capacités. Mais certains ne s'arrêtent pas à ces 10%. Ils repoussent les limites pour découvrir de quoi ils sont capables. Ce sont ces gens qui sont heureux».

À mon avis, le docteur Joyce Brothers comprend bien mieux que Freud les besoins de l'homme. Ce que m'a dit le docteur Brothers est ce que j'ai toujours cru en ce qui concerne le besoin le plus profond de l'être humain. C'est l'amour et un sentiment d'estime de soi, et non pas la passion, le plaisir sexuel, la célébrité ou le pouvoir qui sont les besoins les plus profonds des êtres humains.

LE SECRET DE LA SATISFACTION

La satisfaction, le bonheur, sont aussi insaisissables que des ombres lorsque nous les recherchons dans la célébrité, le succès, le pouvoir ou le plaisir sexuel.

Comment, alors, peut-on trouver la satisfaction? Jésus a dit: «Heureux les affamés et assoiffés de justice, car ils seront rassasiés». Par cette déclaration puissante, Jésus nous montre comment nous pouvons satisfaire la faim la plus profonde du cœur, son désir le plus intense.

Jésus nous dit que la satisfaction et le bonheur résident dans la recherche de la justice.

Question: Qu'est-ce que la justice?

La justice ne consiste pas seulement à résister à la tentation. Elle va plus loin. Permettez-moi de citer un passage de mon livre, *Self-Esteem: The New Reformation**:

«Nous connaissons tous des gens qui ne mentent pas, ne tuent pas, ne volent pas, ne commettent pas l'adultère, et qui pourtant vivent une vie de facilité, de confort, sans s'engager dans quoi que ce soit. Ils semblent bons et gentils, et nous avons tendance à dire que ce sont «des gens qui aiment leur prochain». Mais le véritable amour réside dans l'engagement et le sacrifice. Tant que ces «gens qui aiment leur prochain» n'ont pas pour but de glorifier Dieu, ils ne

---

* Waco, Texas: Word Books, 1982.

s'engagent pas de façon créatrice et constructive. S'ils ne prennent aucun risque, ils sont bons, mais à quoi?»

La justice n'est pas non plus une sainteté ou une perfection absolue. Je ne crois pas que Jésus ait dit que la personne qui est irrémédiablement attirée par une vie de sainteté sera vraiment satisfaite. Si nous devions vivre une vie parfaite et sainte pour être satisfaits, nous serions les plus malheureux des êtres humains, parce que nous faisons tous trop d'erreurs. Nous commettons tous des péchés. Nul d'entre nous n'est parfait.

Il est vrai que quand nous faisons des erreurs, quand nous péchons, nous pouvons implorer le pardon de Dieu. Est-ce là la voie vers la justice? Oui, si nous comprenons le sens réel du véritable repentir. Permettez-moi une autre citation de mon livre, *Self-Esteem: The New Reformation*:

«Le véritable repentir est une nouvelle direction positive, dynamique et très motivée que nous donnons à la vie, une confiance dans le risque qui est prometteuse d'espoir et de gloire par le biais de réalisations nobles, axées sur des besoins humains... Si je ne ressens plus de culpabilité, je ne suis qu'à moitié pardonné. Je ne suis entièrement pardonné que quand je permets à Dieu d'inscrire le nouveau rêve de ma vie au tableau de mon esprit.

Le repentir négatif est une attitude axée sur le malheur qui vous privera de votre enthousiasme. Il consiste à se dire: «Je ne suis rien. Je n'ai aucune valeur. Je suis mauvais». Une telle négativité n'est pas génératrice de justice.

Par ailleurs, le repentir positif consiste à dire:

- «Je suis désolé de n'avoir pas cru aux rêves de Dieu. Désormais, j'y croirai».
- «Je suis désolé de ne pas m'aimer autant que le Seigneur m'aimait lorsqu'Il est mort sur la croix pour moi. Désormais, je n'oublierai pas que Dieu m'aime et je m'efforcerai de m'aimer aussi».
- «Je suis désolé d'avoir été égoïste au point de me laisser aller à la peur de l'échec; je ne voulais pas que quelqu'un se moque de moi. Désormais, je m'efforcerai de faire quelque chose de grand pour Dieu».
- «Je m'engage dès aujourd'hui à opter pour la justice! Je ferai ce qu'il faut. Je m'attaquerai aux rêves que Dieu me donne, même s'ils me semblent impossibles».

La justice est le résultat d'un repentir véritable. Et le repentir est un processus à deux volets: (1) Il consiste à dire «non» à tout ce qui est négatif, à résister à la tentation d'être moins que ce que l'on peut être de mieux. (2) Il consiste à dire «oui» à tout ce qui est positif, à ce qui est bon et sain. C'est dire «oui» aux rêves que Dieu nous confie, à vous et à moi.

DITES «NON!» EN DISANT «OUI!»

Pour être satisfaits, nous avons besoin de nourriture saine. Nous devons être sélectifs quant nous alimentons notre esprit et notre âme. Ce n'est pas facile dans le monde d'aujourd'hui, où nous sommes entourés de pensées malsaines. Je veux parler des attitudes négatives, des réactions négatives et des réponses négatives dont nous sommes bombardés quotidiennement. Nous devons nous isoler de cette négativité et rechercher diligemment ce qui est positif et bon: les rêves et les actes qui sont justes.

Dans un monde aussi négatif que celui dans lequel nous vivons, nous sommes constamment entourés de vibrations négatives. La personne la plus positive que l'on puisse rencontrer a ses attitudes négatives. Nul n'est tout à fait positif.

Nous sommes émotivement conditionnés à la négativité par le monde dans lequel nous vivons. Comment pouvons-nous briser ces chaînes négatives qui nous hypnotisent? Comment pouvons-nous nous libérer de l'emprisonnement de la pensée négative? Comment dire non à ce qui est négatif, aux tentations qui nous privent de notre bonheur?

Dites «non!» en disant «oui!» Éliminez les éléments négatifs en semant des éléments positifs:

- Une ferme parfaite, rentable, n'est pas une ferme où les mauvaises herbes ne poussent pas. C'est plutôt une ferme où poussent le maïs ou les ananas.

- Une feuille de papier parfaite n'est pas une feuille de papier vierge et sans marque. Non. Une feuille parfaite en est une qui est remplie de notes, de pensées, de concepts et d'idées: un poème, un projet ou des nombres comportant des possibilités de créativité.
- Une communication parfaite entre deux personnes n'est pas un genre de relation dénuée de conflits ou de discussions. La communication parfaite existe lorsque deux personnes sont capables de s'ouvrir et de se dire mutuellement ce qu'ils pensent en faisant preuve de respect et d'estime. Ce n'est pas le silence, mais une conversation créatrice, constructive et respectueuse qui est une manifestation de justice dans la communication.

Alors, nous ne pouvons prétendre rechercher la justice en dressant une liste de choses à ne pas faire et en respectant les éléments de cette liste. Avoir faim et soif de justice doit signifier plus que cela! Cela doit traduire un désir de vivre une vie positive qui portera fruit et fera quelque chose de merveilleux pour la gloire de Dieu.

Dans les psaumes, on dit que le juste sera «comme un arbre planté près d'un cours d'eau, qui porte fruit en saison et dont les feuilles ne se flétrissent pas. Il prospère en tout».

Vous avez sans doute vu le merveilleux film intitulé *The Karate Kid*. Vous vous rappelez le jeune voyou blond qui affronte le héros au moment crucial du film?

Imaginez mon étonnement quand j'ai appris que Billy Zabka, le jeune acteur qui jouait le rôle de ce mauvais jeune homme, est un chrétien et un jeune homme très bien.

Je l'ai rencontré et je lui ai dit: «Billy, comment as-tu pu être aussi méchant dans *The Karate Kid*?

— Ce n'était qu'un rôle», a-t-il répondu. «Je suis d'abord un chrétien et un acteur ensuite. En fait, ma carrière d'acteur en était presque au point mort. Je me suis mis à penser que Dieu ne voulait peut-être pas que je sois un acteur. Je le sens si près de moi que je croyais qu'Il me réservait peut-être une vocation d'évangéliste auprès des enfants. J'adore les enfants et le camping, et je préférerais être à la montagne plutôt que dans une limousine!

«Mais lors d'un voyage de camping avec mon groupe de l'église, j'ai confié à mes amis que je souhaitais jouer dans un film. J'ai expliqué que ce n'était pas pour moi, mais pour Dieu. Mais je n'étais pas certain que c'était ce que Dieu voulait vraiment.

«À mon retour à la maison, j'ai appris que j'étais en lice pour le rôle dans *The Karate Kid*. J'ai

La justice?
C'est le fait
des gens positifs
qui inspirent la foi
et qui poursuivent
activement un rêve
d'origine divine!

stationné ma voiture devant les studios de la Columbia. En général, avant ces entrevues, je fais la prière suivante: «Mon Dieu, je ne veux pas le faire si cela comporte des péchés. Je ne veux pas le faire s'il y a quelque corruption que ce soit sur le plateau».

Mais cette fois, j'ai dit: «Seigneur, je veux répandre votre parole, tendre la main aux gens et leur dire que Vous les aimez».

«C'est étrange: lorsque j'ai abandonné mes rêves en disant: «Mes rêves m'importent peu; seuls m'importent vos rêves», c'est le moment qu'Il a choisi pour me fournir une occasion!

«Le film a du succès, et je ne passe pas mon temps à faire de la publicité pour Billy Zabka. Je passe mon temps à parler de l'amour de Dieu. Je ne prêche pas. Je ne dis pas aux gens qu'ils sont condamnés à l'enfer. Je me borne à vivre en chrétien et à aimer Dieu.»

Oui, Billy est un homme «juste». Je veux dire qu'il a dit «non» aux tentations, y compris celle de s'isoler des gens dont le mode de vie pouvait être offensant à ses yeux. En disant «oui», Billy a accepté de vivre pour Jésus et de rendre témoignage auprès de ses camarades de tournage; il a porté fruit; il a la chance d'éclairer des millions de gens qui le connaissent grâce à sa carrière d'acteur.

La justice provient d'affirmations positives:

- «Je suis un enfant de Dieu!»

- «Je suis l'idée de Dieu, et Dieu seul a de bonnes idées!»
- «Je *veux* le faire! Je *peux* le faire! Je *vais* le faire!»
- «Je veux prendre des risques!»

En disant «oui!», vous vivrez selon les promesses de Dieu et vous les accepterez. En tentant l'impossible, vous découvrirez que vous êtes emballé, enthousiaste, énergique, jeune, heureux!

Être juste, c'est tenter de réaliser une merveilleuse possibilité. Que vous gagniez ou que vous perdiez, vos efforts accroîtront votre estime personnelle. En réussissant ou en échouant, chose certaine, vous pourrez vivre avec vous-même sans aucune honte, ce qui signifie que vous serez fier d'avoir essayé.

Voilà la joie! Voilà la satisfaction profonde! Voilà la grande récompense!

J'ai un ami très cher, Bill Dearden, président du conseil chez Hershey Foods Corporation. Dans les années 30, Bill n'était qu'un petit garçon, un orphelin. Mais il a eu la chance de fréquenter une école pour orphelins fondée par Milton Hershey, également fondateur de l'entreprise.

Monsieur Hershey n'avait pas d'enfants et avait éprouvé de terribles difficultés dans sa jeunesse. Il n'avait qu'une quatrième année élémentaire. Il connut trois échecs en affaires, mais il eut le courage de continuer d'essayer. La quatrième entreprise qu'il mit sur pied, une compagnie de caramel, fut une grande réussite.

Il vendit son entreprise de caramel pour un 1 000 000 $ et mit sur pied la compagnie de chocolat. Sachant que sa femme ne pourrait jamais avoir d'enfant, il décida de fonder une école pour orphelins.

C'est à cette école que Bill Dearden a reçu la majeure partie de son éducation. Il a par la suite travaillé à la compagnie, dont il est finalement devenu président du conseil. Il m'a confié que monsieur Hershey a fait en sorte que l'école possède 51 % des actions de la compagnie. Ainsi, une grande partie de l'argent gagné par l'entreprise est versée à l'école.

J'ai demandé à Bill: «Comment, de petit orphelin dans les rues de Philadelphie, êtes-vous devenu le président de l'une des compagnies les plus respectées des États-Unis?»

Il a répondu: «Dieu a toujours occupé une place importante dans ma vie. Je crois que grâce à son amour et à son aide, tout est possible. Je crois qu'Il m'a appuyé à faire mon chemin, qu'Il m'a aidé et dirigé, et je crois qu'Il agit ainsi avec quiconque est disposé à croire en Lui».

Monsieur Hershey brûlait d'un intense désir de réussir sa vie. Bill Dearden ressentait la même aspiration. Ainsi se poursuit la chaîne positive de la véritable justice.

Si vous vivez au Minnesota, vous savez sans doute qui est Joe Sensor. Je dirai à l'intention des gens qui ne résident pas au Minnesota que Joe fait partie de l'équipe de football des Vikings du Minnesota. Joe est aussi un diplômé de l'école Hershey. Il est récemment devenu mon ami et j'ai eu la joie de baptiser son merveilleux bébé à la Cathédrale de Cristal.

Joe, qui a perdu son père lorsqu'il était très jeune, s'est vu offrir l'occasion de fréquenter l'école Hershey. Il a accepté l'offre et y a trouvé énormément d'amour et d'encouragements. Par la suite, il a été repêché par les Vikings et a connu beaucoup de succès au football. Ce succès l'a amené à prononcer environ 1 500 conférences au cours des six dernières années.

Joe Sensor s'est engagé à venir en aide au plus grand nombre possible d'enfants et de jeunes gens. Comme il me le disait un jour: «Les athlètes professionnels ont énormément de chance, car les enfants croient beaucoup en eux. Leurs parents leur disent de ne pas consommer de drogues, mais cette mise en garde a peu d'effet. Mais si un athlète professionnel leur dit de ne pas consommer de drogues, ils suivent ce conseil. Je suis un serviteur des gens. Je crois qu'il s'agit de ce que je peux faire de plus important de ma vie».

Bill Dearden, Joe Sensor. Qui sait combien d'autres jeunes gens ont été transformés au cours des deux dernières générations parce que

Milton Hershey avait faim et soif de faire quelque chose de bien de sa vie?

Voilà la justice! C'est ainsi que l'on trouve le bonheur!

Mais si la justice est à ce point importante, pourquoi n'est-ce pas tout le monde qui y aspire? Qu'est-ce qui retient les gens? Pourquoi les gens refusent-ils ce qui est bon? Pourquoi poussent-ils Dieu?

Il y a trois raisons possibles:

(1) Premièrement, les gens disent «non» à Dieu par ignorance. Plusieurs croient à tort que de mettre l'accent sur la religion, de se convertir vraiment, d'être sauvé et de devenir chrétien, c'est d'être étrange et un peu fou. Certains, aussi, ont été désillusionnés à la suite de contacts avec des hypocrites, des fanatiques ou, pire encore, des chrétiens ternes et négatifs. Alors ces gens restent à l'écart de la religion, ne saisissant pas le bonheur qu'ils connaîtraient en consacrant toute leur vie à Dieu.

Dwight Moody avait l'habitude de dire: «Les gens ont juste assez de religion pour se rendre malheureux; ils ne sont pas heureux en compagnie de fêtards et ils ne sont pas à l'aise dans les réunions de prières».

Cela est tout à fait vrai! Beaucoup de gens ont juste assez de religion pour être malheureux, mais pas assez pour en profiter. Et, bien souvent, cela est attribuable au fait qu'ils n'ont pas la moindre idée de ce qu'est la vie chrétienne. Franchement, je ne blâme pas les gens dont la seule impression de Dieu est celle que leur ont laissée des chrétiens négatifs. Pas étonnant qu'ils aient des réticences! Ils ne sont pas conscients de la réalité.

(2) Il y a une deuxième raison pour laquelle certaines personnes disent «non» à Dieu; elles ne croient pas pouvoir Lui dire «oui». Le manque d'estime de soi les en empêche. Ils se disent: «Dieu est parfait et je sais très bien que je ne le suis pas; par conséquent, je ne crois pas pouvoir me joindre à Lui». Ce que ces gens ne comprennent pas, c'est que Dieu ne nous demande pas d'être parfaits; Il nous suggère simplement de vouloir! Il ne nous implore pas d'être sans péché, bien qu'il nous recommande de dire: «Seigneur, je suis disposé à essayer». Il est préférable de faire quelque chose de constructif de façon imparfaite que de ne rien faire à la perfection!

(3) La troisième raison pour laquelle certaines personnes disent «non» à Dieu est qu'elles croient ne pas être tout à fait prêtes. Elles ont des projets qu'elles n'ont pas mis en branle, des projets à moitié terminés, des appels téléphoniques à faire, des lettres auxquelles elles doivent répondre. Lorsqu'elles auront dégagé leur bureau et qu'elles auront le temps de réfléchir, elles se tourneront probablement vers le Seigneur. Mais pour le moment, elles sont trop occupées.

Le problème est qu'il n'y aura peut-être pas de «lendemain». Agissez maintenant! Ne faites pas attendre Dieu. Si vous sentez une pensée positive et inspiratrice vous traverser l'esprit aujourd'hui, il n'y a qu'une façon d'y répondre: «Oui, Seigneur».

Dites-le maintenant. Cela ne vous fera aucun mal. Posez dès maintenant ce livre sur vos genoux et dites: «Oui, Seigneur.» Répétez ces mots de vive voix jusqu'à ce qu'ils vous semblent naturels. «Oui, Seigneur! Oui, Seigneur! Oui, Seigneur!»

N'ayez pas peur de paraître dramatique ou trop émotif; ne vous laissez pas intimider par une crainte négative. Dites de manière ferme et positive: «Oui, Seigneur!» Je prédis qu'en une heure une pensée positive vous viendra à l'esprit. Une humeur positive commencera à vous envahir. Lorsque cela se produira, ne dites pas «non». Dites à nouveau: «Oui, Seigneur!»

Peut-être recevrez-vous une invitation à consacrer votre vie au Seigneur. Si vous ne vous êtes encore jamais engagé à consacrer votre vie à Jésus-Christ, en l'acceptant comme votre Sauveur et votre Seigneur, votre ami personnel et vivant, je vous invite à le faire! Si vous n'avez pas confié votre vie au Christ, franchissez cette étape positive dès aujourd'hui. Cela fera de vous une personne meilleure, et non pire.

«Heureux les affamés et assoiffés de justice, car ils seront rassasiés».

Êtes-vous rassasié? Êtes-vous heureux? La vie est-elle à la hauteur de vos espoirs? Elle peut l'être — et le sera — si vous acceptez le rêve que Dieu vous a donné.

- Allez-y! Vous pouvez réussir!
- Allez-y! Cela peut arriver!
- Allez-y! Cela vous permettra peut-être d'aider quelqu'un!
- Allez-y! Cela vous habilitera peut-être à connaître la prospérité!
- Allez-y! Si vous prospérez, vous serez peut-être en mesure d'aider les pauvres!
- Allez-y! Un jour, quelqu'un viendra et vous dira: «Merci!»

Voilà ce qu'est la satisfaction. Elle consiste à être conscient de sa propre valeur, à savoir que nous avons apporté quelque chose qui a fait une différence.

La faim et la soif veulent dire: «Allez-y!»

«Ils seront rassasiés» signifie qu'ils seront certains d'avoir aidé quelqu'un, d'avoir fait une différence, que leur vie aura compté pour quelque chose... quelque chose de grand!

CINQUIÈME ATTITUDE POUR ÊTRE HEUREUX

«Je vais traiter les autres comme je voudrais être traité»

«Heureux les miséricordieux,
car ils obtiendront miséricorde».

(Matthieu 5,7)

Cette béatitude pour être heureux est une incitation infaillible au bonheur. Apprenez à vivre en conformité avec cette attitude rafraîchissante et heureuse: «Ce n'est pas ce qui m'arrive qui importe le plus, mais ma façon d'y réagir».

Vous pouvez être certain de ceci: Si vous croyez être à jamais à l'abri de la douleur, de la peine et du chagrin, vous pouvez être assuré d'avoir un jour ou l'autre à subir une cuisante désillusion. Tout le monde doit faire face à la tristesse, au rejet ou à un deuil au cours de sa vie. Le fait de se prendre pour une personne privilégiée, immunisée contre tous les obstacle, est irréaliste.

Certains même se disent: «Je suis chrétien, alors je devrais être exempté de la douleur et de la souffrance. Je crains Dieu et je suis bon, alors je devrais être sauvegardé du rejet ou du ridicule». Si telle est votre attitude face à l'adversité, vous réagirez en vous apitoyant sur votre sort. «Ce n'est pas juste!» direz-vous. Mais aussitôt que vous apprendrez que la vie n'est pas toujours équitable, vous acquerrez de la maturité émotionnelle.

Nous éprouvons tous notre part de souffrance. Et confrontés à une terrible expérience, deux choix s'offrent à nous. Nous pouvons adopter une attitude pour être heureux, ou l'attitude contraire, pour être malheureux.

L'attitude axée sur le malheur est celle de la colère et de la vengeance: «Je vais me venger!» «Ça ne se passera pas comme ça!» Cette attitude négative est une garantie de malheur. Les gens qui sont obsédés par les batailles qu'ils doivent livrer ne peuvent être remplis de joie. Leur seule satisfaction est de laisser libre cours à leur amertume et à leur comportement méprisant et vengeur.

Bien plus souvent que nous le croyons sans doute, le sentiment de malheur des gens qui optent pour une attitude qui les rend malheureux se trouve compliqué du fait qu'ils ont des problèmes de santé — hypertension, troubles cardiaques, embolies et même cancer — causés par le stress. Tel est le résultat de leur choix d'une attitude axée sur le malheur lorsqu'ils doivent faire face à une situation difficile.

Mais il existe une autre possibilité. L'attitude positive pour être heureux est une option qui s'offre à tous. C'est la voie du pardon, qui consiste à choisir de réagir positivement et avec espoir aux expériences négatives qui nous arrivent.

J'ai une bonne nouvelle pour vous: Dieu promet une miséricorde qui contribue à affronter n'importe quelle tragédie.

Dans la cinquième béatitude, Jésus fait cette promesse: «Heureux les miséricordieux, car ils obtiendront miséricorde». Cette béatitude comporte trois éléments: *une promesse*, un *principe de pouvoir* dont l'application est universelle et une *recommandation* pour une vie heureuse.

LA PROMESSE

De nombreux membres de ma congrégation témoigneront du bien-fondé de la promesse de Dieu dans cette béatitude. Confrontés à une tragédie, ils ont trouvé la capacité d'être heureux malgré tout. Mais cela n'est pas dans la nature humaine. La tendance naturelle consiste à se mettre en colère, à devenir amer et cynique, et à dire: «Dieu n'existe pas». Lorsqu'une personne réagit positivement à la tragédie, cela est miraculeux. Le psaume 23 se termine par ces glorieuses paroles: «Oui, grâce et bonheur me pressent tous les jours de ma vie». Par ces mots, Dieu nous dit que la vie est souvent remplie de grâce, mais que même lorsque la grâce de Dieu est invisible, son bonheur se manifeste! Quand nous versons des larmes, que notre cœur est brisé, que nous venons de subir une perte énorme, ou vivons un terrible chagrin, soudain, nous sommes envahis d'une grande impression de douceur. Cette expérience s'appelle la miséricorde. Elle est une expression de l'amour de Dieu.

Dans les Saintes Écritures, Dieu nous promet sa miséricorde:

- «(...) et *sa miséricorde s'étend d'âge en âge sur ceux qui le craignent*» (Luc 1,50).
- «Mais Dieu, qui est riche en miséricorde, à cause du grand amour dont Il nous a aimés, (...) nous a fait revivre avec le Christ (...)» (Éphésiens 2,4-5).
- «(...) il ne s'est pas occupé des œuvres de justice que nous avions pu accomplir, mais, poussé par sa seule miséricorde, il nous a sauvés par le bain de la régénération et de la rénovation en l'Esprit Saint» (Tite 3,5).

La promesse est là! Elle *vous* est destinée! Quelle merveilleuse nouvelle! Quelle merveilleuse assurance! Où que nous mène notre route, quelque douleur que nous subissions, quoi que nous fassions, Dieu sera là pour nous offrir sa miséricorde, nous soutenir et nous aider à traverser les moments difficiles. Mais cela n'est que la moitié de la béatitude: «(...), car ils obtiendront miséricorde». L'autre moitié dit: «Heureux les miséricordieux (...)»

La question qui se pose est la suivante: Par où commencer? Devons-nous d'abord être miséricordieux pour que Dieu le soit à notre endroit? Ou Dieu doit-il nous pardonner avant que nous pardonnions aux autres? Qu'est-ce que Jésus a voulu dire par les mots: «Heureux les miséricordieux, car ils obtiendront miséricorde»?

Je crois que Jésus a voulu dire:

- Dieu sera miséricordieux à notre égard.
- Alors, nous pardonnerons aux autres.

Lorsque la bonté
de Dieu est imperceptible,
sa miséricorde
peut se manifester!

- La miséricorde proviendra alors d'une variété de sources.

La première étape consiste donc à accepter la miséricorde de Dieu. Il nous suffit d'accepter la promesse de la béatitude. Dieu nous promet de nous pardonner si nous pardonnons aux autres.

J'ai entendu l'histoire suivante pour la première fois il y a 35 ans. Plusieurs années plus tard, une variante est devenue célèbre dans la chanson de mon ami Tony Orlando intitulée «Tie a Yellow Ribbon 'Round the Old Oak Tree». («Attache un ruban jaune autour du vieux chêne»). On me dit qu'il s'agit d'une histoire vraie, et je le crois, car je crois au pouvoir de la miséricorde.

Trois adolescents sont montés dans un autocar au New Jersey. Dans cet autocar, un homme calme, pauvrement vêtu, était assis, seul et silencieux. Au premier arrêt de l'autocar, tout le monde est descendu à l'exception de cet homme. Quand les adolescents sont remontés à bord de l'autocar; l'un d'eux a dit quelque chose de gentil à l'homme, et celui-ci a souri timidement.

À l'arrêt suivant, alors que tout le monde descendait, le dernier adolescent s'est retourné et a dit à l'homme: «Venez, descendez avec nous, au moins pour vous dégourdir les jambes».

Alors il est descendu. Les adolescents l'ont invité à prendre le lunch avec eux. Un des jeunes lui a dit: «Nous allons en Floride pour nous offrir un week-end au soleil. On dit que c'est beau, la Floride».

«Oui, c'est beau», a dit l'homme.

— Y êtes-vous déjà allé?

— Oh, oui», a-t-il dit, «j'y ai déjà habité».

L'un des jeunes lui a demandé: «Avez-vous encore un foyer et une famille?»

Il a hésité, puis il a répondu: «Je ... je ne sais pas.

— Comment ça, vous ne savez pas?» lui a demandé l'adolescent.

Gagné par leur charme et leur sincérité, il leur a raconté son histoire.

«Il y a plusieurs années, j'ai été condamné à la prison. J'avais une belle femme et de merveilleux enfants. J'ai dit à ma femme: «Chérie, ne m'écris pas. Je ne t'écrirai pas. Les enfants ne doivent pas savoir que leur père est en prison. Si tu veux, trouve un autre homme, quelqu'un qui sera un bon père pour ces garçons».

«Je ne sais pas si elle a tenu parole. Moi je l'ai fait. La semaine dernière, lorsque j'ai été certain que j'allais être libéré, j'ai expédié une lettre à notre ancienne adresse, juste un peu à l'extérieur de Jacksonville. J'y disais à ma femme: «Si tu vis encore là, que tu reçoives cette lettre; si tu n'as trouvé personne et s'il y a une chance que tu me reprennes, voici comment tu peux me le laisser savoir. J'arriverai en autocar. Je veux que tu prennes un morceau de tissu blanc et que tu l'attaches au vieux chêne à l'entrée de la ville».

En remontant dans l'autobus, qui n'était plus qu'à 16 km de Jacksonville, les trois adolescents s'installèrent près de l'homme, le nez collé à la vitre. En arrivant près de Jacksonville, ils aperçurent le grand chêne. Les jeunes se levèrent brusquement et se mirent à crier, en s'embrassant et en dansant dans l'allée de l'autobus. Ils disaient: «Regardez-le! Regardez-le!»

L'arbre n'était pas garni d'une seule bande de tissu. On y voyait plutôt un drap entier, une robe blanche, un petit pantalon blanc et des taies d'oreiller blanches!

C'est ainsi que Dieu nous traite, vous et moi. Dieu promet d'oublier le passé et d'effacer nos actes antérieurs. Il s'engage à jeter les pages noircies de notre livre et à nous accueillir à la façon du père de l'enfant prodigue, qui a dit: «(...), car mon fils que voilà était mort et il est revenu à la vie; il était perdu et il est retrouvé». (Luc 15,24). Voilà la promesse de cette béatitude.

LE PRINCIPE DE POUVOIR

La Bible nous promet la miséricorde de Dieu. Elle enseigne aussi un principe de pouvoir qui revient sans cesse, formulé de différentes façons:

- «(...) mais si vous ne pardonnez pas aux hommes, votre Père non plus ne vous pardonnera pas vos manquements». (Matthieu 6,15).

- «(...) car, du jugement dont vous jugez on vous jugera, et de la mesure dont vous mesurez on usera pour vous». (Matthieu 7,2).
- «Car ce que l'on sème, on le récolte». (Galates 6,7).

Donnez un peu et vous recevrez peu. Donnez beaucoup et vous récolterez beaucoup. C'est la loi du rendement proportionnel que Jésus enseigne dans ces versets et dans cette béatitude. Si vous êtes critique, vous pouvez vous attendre à être la cible de critiques. Si vous médisez sur les gens, vous pouvez être certain que ces mêmes gens médiront à votre sujet. Il s'agit d'une loi de la vie qui est aussi réelle et aussi inévitable que les lois physiques qui régissent notre monde et notre organisme.

Un jour, alors que je souffrais d'une laryngite, je suis allé chez mon médecin. Il prit de la gaze, me l'enroula autour de la langue, me tira la langue autant qu'il le pouvait et m'introduisit un instrument plat dans la gorge. Je ne pus m'empêcher d'avoir une nausée. Il recommença. J'eus un nouveau haut-le-cœur.

«C'est terminé?» demandai-je.

À mon grand étonnement, il répondit: «Non, il faut que je recommence. Je n'ai pas réussi à voir les cordes vocales». Une fois de plus, il me mit de la gaze autour de la langue.

Je lui dis: «Cette fois je vais pratiquer la pensée positive et je n'aurai pas de haut-le-cœur».

— Docteur Schuller, cela ne marchera pas», me dit-il.

«Ah non?» J'étais estomaqué! C'était la première fois que quelqu'un me disait que la pensée positive ne pouvait fonctionner.

Le médecin ajouta rapidement: «Docteur Schuller, le haut-le-cœur est un réflexe. Je vais vous montrer. Croisez les jambes». Je croisai les jambes. Il me frappa au genou et celui-ci réagit.

Il me dit: «C'est un réflexe. Le haut-le-cœur est aussi un réflexe. La pensée positive ne peut contrôler les réflexes qui viennent de l'épine dorsale. Ils ne passent pas par le cerveau».

Permettez-moi d'apporter une précision. Dans la vie, il existe un principe que nous pouvons comparer à ce réflexe biologique. Si nous agissons d'une certaine manière, nous obtenons une certaine réaction; il se produit une sorte de réflexe.

Voici une règle fondamentale de la vie: Si vous voulez que les gens vous traitent bien, traitez-les bien. Chaque action entraîne une réaction. Chaque action positive entraîne une réaction positive. Chaque action négative entraîne une réaction négative.

Si vous voulez vraiment être très heureux, examinez de près cette béatitude, et mettez-la en pratique. Elle donne vraiment des résultats. *Il est impossible de donner quoi que ce soit. Tout ce que nous donnons nous est toujours rendu.*

Permettez-moi d'illustrer mon propos grâce à une simple graine. On ne peut tout bonnement se débarrasser de graines en les jetant. Si on les flanque par terre, elles germeront et croîtront.

Comme plusieurs d'entre vous le savez, je suis né sur une ferme en Iowa. À proximité de la ferme familiale, il y avait une rivière que j'aimais beaucoup car j'adorais pêcher. Je me rappelle l'époque où un enfant de la ville était venu passer quelques semaines chez les voisins d'en face. Il était le neveu de nos voisins. Son oncle l'avait accueilli chez lui, mais lui avait dit qu'il allait devoir travailler un peu.

Un jour son oncle John lui avait confié une boîte de haricots qu'il devait semer. Il lui avait dit: «Creuse simplement un petit trou, mets-y quelques haricots et replace la terre par-dessus. Longe la clôture jusqu'au bout».

Ignorant que cette tâche avait été confiée au petit garçon de la ville, je l'invitai à m'accompagner à la pêche. Il répondit: «L'oncle John m'a demandé de planter ces haricots. Je dois creuser un petit trou, en jeter trois et les recouvrir de terre».

Je lui dis: «C'est bien dommage; j'aurais aimé que tu viennes pêcher avec moi. Tu es déjà allé à la pêche?

— Non. J'aimerais bien t'accompagner, mais je dois finir de planter ces haricots». La boîte semblait pleine. Il venait probablement de commencer. Juste en face de lui se trouvait une souche. Soudain, une idée lui vint. «Oncle John ne le saura jamais», dit-il, puis il creusa un trou et y jeta tous ses haricots qu'il recouvrit de terre. Puis il me dit: «Allons à la pêche!»

Nous avons eu beaucoup de plaisir et nous avons pris beaucoup de poissons. Sur le chemin du retour, avec nos prises, nous avons rencontré l'oncle John.

«Je vois que tu es allé à la pêche», dit-il. «As-tu mis tous les haricots en terre?

— Bien sûr, oncle John», répondit le neveu.

— Bravo. Heureux de te l'entendre dire. Et tu as quand même eu le temps d'aller pêcher?

— Euh... oui.

— Je suis étonné que tu aies pu terminer aussi rapidement».

Le garçon répondit: «Je travaille vite».

L'oncle John sembla accepter la parole de son neveu. Peu après, le garçon rentra chez lui. Les mois passèrent. L'été allait bientôt se terminer. Le petit citadin rendit une dernière visite à son oncle avant de commencer l'année scolaire.

Son oncle John lui dit: «Hé, voudrais-tu voir les haricots que tu a semés?»

Ils se dirigèrent derrière la maison. On y voyait une belle rangée de haricots échelonnés sur 16 m environ, puis une souche recouverte de longues tiges qui poussaient de manière incontrôlée!»

On ne trompe pas la nature, et on ne peut tromper Dieu. On ne peut jouer avec les lois naturelles. Et ceci est une loi naturelle: «*Si vous traitez bien les gens, vous serez probablement bien traité. Plus vous êtes bon pour les autres, plus on sera bon pour vous dans la vie.* Telle est la loi du rendement proportionnel, et il est impossible de la contourner.

LA RECOMMANDATION

La recommandation pour une vie heureuse est très simple: Si vous voulez être heureux, traitez bien les gens. Si vous portez les fardeaux de quelqu'un d'autre, vous finirez par découvrir le secret du bonheur.

Tout le monde cherche le bonheur. J'ai observé que, dans le monde d'aujourd'hui, des gens tentent de trouver le bonheur en se montrant égoïstes, et ces gens ne trouvent que l'enfer sur terre. D'autres, tentent de trouver le bonheur en mettant en pratique les lois du Christ, en aidant leur prochain. Si vous respectez les lois du Christ et vous choisissez de chercher des gens qui ont des fardeaux à porter, vous serez sans doute capable d'aider ces gens. Mais si vous recherchez votre propre bonheur en fermant les yeux sur les besoins de ceux qui vous entourent, vous serez perdant à tous les égards.

On raconte l'histoire de l'homme qui fit un rêve. Il rêva qu'il était mort et se retrouva immédiatement dans une vaste pièce. Dans cette pièce se trouvait une immense table de banquet remplie de toutes sortes d'aliments délicieux. Autour de la table, des gens étaient assis, visiblement affamés. Mais les chaises étaient placées à 1,52 m de la table, et les gens ne pouvaient se lever. De plus, leurs bras n'étaient pas assez longs pour atteindre la nourriture placée sur la table.

Dans le rêve, il y avait une seule cuiller de 1,52 m de longueur. Tout le monde se battait, se querellait, s'efforçant de s'emparer de la cuiller. Finalement, l'une des personnes, grande et forte, put s'emparer de la cuiller. Elle put saisir des aliments, mais simplement pour s'apercevoir que la cuiller était trop longue pour qu'elle puisse porter des aliments à sa bouche. Les denrées se répandaient par terre.

Une autre personne s'empara alors de la cuiller. Elle put aussi prendre des aliments, mais sans parvenir à se nourrir. Le manche était trop long.

Dans le rêve, l'homme, qui observait la scène, dit à son guide: «C'est l'enfer; avoir de la nourriture et ne pas pouvoir la manger».

Le guide répondit: «Où vous croyez-vous? C'est l'enfer en effet. Mais ce n'est pas votre place. Suivez-moi».

Et ils entrèrent dans une autre pièce, où se trouvait également une longue table remplie d'aliments, exactement comme dans la première pièce. Les gens étaient assis sur des chaises, eux aussi incapables de se lever. Mais ils avaient un air satisfait et heureux. Le visiteur ne tarda pas à comprendre. Tout comme dans la première pièce, il n'y avait qu'une cuiller, toujours munie d'un manche de 1,52 m de longueur. Nul ne se battait pour l'avoir. En fait, une personne tenait la cuiller, prenait des aliments et les portait à la bouche d'une autre, qui pouvait ainsi assouvir sa faim.

Cette dernière personne prenait alors la cuiller et nourrissait celle qui venait de la nourrir elle-même. Et le guide dit: «C'est le paradis».

«Heureux les miséricordieux, car ils obtiendront miséricorde».

Un autre verset de la Bible le formule différemment: «Portez les fardeaux les uns des autres et accomplissez ainsi la loi du Christ». (Galates 6,2).

Il est impossible d'entretenir de la rancune et de la jalousie, de la colère, de la haine et de la mauvaise volonté, tout en étant heureux. Vous ne pouvez semer ces sentiments négatifs et escompter une récolte de sourires et de rires. Nul ne peut être heureux et amer en même temps. C'est incroyablement simple, mais vrai.

Le secret de la recommandation consiste à se préoccuper du bien-être de ses semblables, et à les aider à porter leurs fardeaux.

Dieu vous viendra en aide afin que vous puissiez aider vos semblables à votre tour!

Je suis certain que vous avez entendu parler de Mère Teresa de Calcutta.

Elle a souvent fait partie de la liste des femmes les plus admirées du magazine *Good Housekeeping*. Elle est l'une des plus belles personnes qui vivent dans le monde d'aujourd'hui.

Vous savez sans doute que Mère Teresa est âgée de 60 ans environ et qu'elle est une personne étonnante. Mais permettez-moi de vous en dire plus long à son sujet. Mère Teresa est née dans une famille de paysans de Yougoslavie. On l'amenait fréquemment à l'église, où elle a connu Jésus-Christ. Adolescente, elle s'est sentie appelée à travailler à plein temps au sein de l'église, et elle est devenue religieuse catholique. Un jour, un missionnaire a parlé à sa communauté du besoin de faire connaître le Christ aux gens de l'Inde, alors Teresa s'est portée volontaire et a obtenu un poste d'enseignante à Calcutta.

Au couvent de Calcutta, Teresa était très bien logée dans un lieu entouré de beaux jardins. Elle enseignait dans une très jolie classe. Mais un jour, elle a dû se rendre dans le secteur le plus insalubre de la ville. Alors qu'elle marchait seule dans les bas quartiers, elle a vu quelque chose qu'elle n'avait jamais vu auparavant. Elle a vu des êtres humains qui mouraient au milieu de l'indifférence générale. Elle posa des questions et apprit que c'était très courant. Nul n'avait de temps à consacrer aux mourants, qui n'avaient pas d'endroits où aller. La jeune sœur était hantée par cette situation terrible. Elle avait le sentiment que Jésus lui disait: «Je vais te demander de servir les plus pauvres d'entre les pauvres. Je vais te demander de travailler non seulement auprès des vivants, mais auprès des mourants».

L'appel était si impérieux qu'elle a demandé à l'église la permission de renoncer à ses vœux. Il lui a fallu deux ans, mais cette permission lui fut finalement accordée. N'étant plus religieuse, elle troqua le couvent pour les rues de Calcutta. Avec quelques roupies, quelques sous en poche, elle se mit à parcourir les rues sans savoir si l'église allait la nourrir ou la vêtir. Elle était laissée à elle-même, et elle priait, disant: «Jésus, conduis-moi à une personne qui est mourante et seule».

Deux pâtés de maisons plus loin, elle aperçut une vieille femme étendue sur le trottoir de la rue principale. Toujours vivante, les rats avaient commencé à la manger. Mère Teresa traîna littéralement la femme jusqu'à l'hôpital le plus près, où on refusa de l'admettre. «Mais», s'exclama-t-elle, «cette femme est mourante!» On lui répondit: «Il y a constamment des gens qui meurent dans les rues de Calcutta. Nous ne pouvons l'admettre ici». Teresa refusa de partir avant que l'on ait admis la mourante. Elle disait: «S'il y a un Dieu au paradis, et un Christ que nous aimons, nul ne doit mourir seul».

Peu après, Teresa demanda au conseil municipal de lui fournir une pièce vide, «un endroit où construire un foyer pour les mourants». Les responsables de la ville lui dirent: «Nous avons le temple hindou de Kali qui est vide, si cela vous convient». «Très bien», répondit-elle. «Dieu appréciera. C'est tout ce que je veux faire de ma vie: quelque chose qui plaira à Dieu».

Deux autres religieuses entendirent parler du projet de Teresa, et elles l'aidèrent à emmener les mourants trouvés dans les rues jusqu'au temple hindou. Sans médicaments, sans argent, sans une organisation, sans appuis, elles faisaient de leur mieux, et nul ne mourait sans qu'on leur touche la joue et sans qu'on leur dise avec bonté: «Nous vous aimons. Allez dans la paix de Dieu». Ils ne mouraient plus seuls.

Aujourd'hui, Teresa, ou Mère Teresa, comme on dit généralement, est sans doute ce qui se rapproche le plus d'une sainte vivant sur la terre. Elle a fondé sa propre congrégation des missionnaires de la Charité. Il s'agit d'un pontificat, ce qui signifie que la communauté est directement reconnue par le pape qui, lorsqu'il est venu à Calcutta pour voir ce que cette étrange sœur faisait, a été si impressionné qu'il lui a fait don de sa coûteuse limousine blanche. Elle regarda la grosse et luxueuse voiture et dit: «Oh, merci».

Elle commença par lancer une loterie pour une œuvre de bienfaisance, dont les profits furent versés à son mouroir. Aujourd'hui, sa colonie compte plus de 10 000 mourants atteints de la lèpre. Son œuvre s'est répandue dans 28 villes, jusqu'au Ceylan, auprès des Indiens qui vivent à Londres, à Rome, au Venezuela et en Australie.

Mère Teresa et les missionnaires de la Charité ont fait le vœu de pauvreté. Les seuls biens qu'ils ont le droit de posséder sont un vêtement de coton et une paire de sandales. Un sacrifice total!

Malcolm Muggeridge, qui a interviewé Mère Teresa pour le compte de la British Broadcasting Company et lui a par la suite rendu visite à Calcutta, disait: «Ce que j'ai remarqué à propos de vous et des centaines de religieuses qui font aujourd'hui partie de votre équipe, c'est que vous avez tous l'air tellement heureuses. Ce bonheur est-il un air que vous vous donnez?» Elle répondit: «Oh, non. Pas du tout. Rien ne rend plus heureux que le fait de tendre une main secourable à quelqu'un qui souffre beaucoup».

«Heureux les miséricordieux, car ils obtiendront miséricorde». L'aide que l'on apporte aux autres contient sa propre récompense. Voici une recommandation pour une vie heureuse: «Soyez bon, soyez altruiste. Traitez les gens comme vous aimeriez qu'ils vous traitent.»

Si vous voulez qu'il vous arrive des choses positives, vous devez être positif. Si vous voulez être aimable envers les gens et si vous voulez que les gens soient aimables envers vous, soyez aimable à leur égard. Si vous êtes entouré de gens indésirables, faites-en des gens pleins de bonté.

Comment inspirer la bonté aux gens? Faites ressortir ce qu'ils ont de meilleur! Comment? En attirant leur attention sur ce qu'ils ont de meilleur! Ils ne vous traiteront bien qu'au moment où ils constateront qu'ils ont de la bonté en eux.

Jamais je n'oublierai la jeune épouse qui est venue me voir. Elle me disait: «Mon mari ne me fait jamais de compliments. Il me critique constamment. Quoi que je fasse, quels que soient mes efforts, il me rappelle constamment comment j'aurais pu mieux faire!»

Je lui dis: «Vous savez que les gens qui sont très critiques souffrent souvent d'un manque d'estime de soi. Est-il possible que votre mari ait un problème à cet égard?»

Elle réfléchit un moment, et dit: «Oui, je crois que c'est possible.

— Eh bien», répondis-je, «il me semble que, si vous voulez l'aider en ce qui a trait à l'estime de soi et la critique, vous devriez commencer à lui faire des compliments!

— Oh, je n'avais jamais pensé à cela»! dit-elle en pleurant. «Mais vous avez raison! Je ne me rappelle pas la dernière fois que je l'ai complimenté. J'avais tellement besoin de ses compliments que j'ai complètement oublié de lui faire moi aussi des éloges».

Si vous voulez transformer votre univers, transformez-vous. Comment? Comment devenir

L'égoïsme transforme
la vie en un fardeau.

L'altruisme transforme
vos fardeaux en vie»!

cette personne à la pensée positive? Je ne connais qu'une façon. L'éducation n'est pas le secret. Ni la législation. Cependant, il existe un Dieu vivant — et un Christ vivant — qui sont le secret. Le Christ peut pénétrer un cœur rempli de crainte, de colère, d'amertume et de douleur, et Il peut le libérer grâce à sa miséricorde. Cela peut vous arriver. Cela se produit lorsque vous rencontrez Jésus et vous lui demandez de prendre en charge votre vie.

Si vous voulez traiter les gens avec miséricorde, vous devez apprendre à vous pardonner. Acceptez-vous en vous rappelant que le Christ vous accepte tel que vous êtes! Cependant, si vous ne vous estimez pas suffisamment, vous aurez constamment des problèmes avec les autres. Vous ne leur pardonnerez pas facilement. Vous ne ferez pas preuve de bonté à leur égard. Vous les critiquerez ou médirez à leur sujet. Vous rétorquerez jusqu'à ce que vous causiez du tort aux aspects les plus importants de votre vie, et tout s'écroulera autour de vous.

Pensez-y un peu. Qu'est-ce qui nous empêche de pardonner aux gens? C'est la rancune, la jalousie ou le sentiment d'être menacé par quelqu'un. Si vous ne pouvez faire face à la rancune, à la jalousie ou à la «victimite», au fond de votre esprit, de votre cœur et de votre âme, vous êtes aux prises avec une image négative de vous-même. Vos réactions négatives sont le résultat de blessures cachées que vous devez guérir.

LA GUÉRISON DES BLESSURES CACHÉES

Avez-vous des problèmes avec cette attitude pour être heureux? Avez-vous du mal à pardonner? Êtes-vous critique envers vous-même et les autres? Si tel est le cas, vous devez identifier, isoler et guérir vos blessures cachées. Le premier pas vers la guérison consiste à vous rendre compte que vous n'êtes pas seul. Tout le monde a été blessé un jour ou l'autre. Même Jésus, le Fils de Dieu, a eu des blessures. Comptez-les. Elles étaient au nombre de six:

1) Les pieds, où l'on a enfoncé des clous.
2) Les paumes des mains, qui ont aussi été percées par des clous
3) La tête, ensanglantée par la couronne d'épines.
4) Le côté, qui a été transpercé d'un coup de lance.
5) Le dos, qui portait les traces laissées par la flagellation.

Voilà cinq des blessures du Christ. Mais la sixième était la blessure cachée:

6) La blessure de son cœur, causée par le baiser de l'un de ses propres disciples. Cette blessure cachée était la plus douloureuse de toutes.

Nous avons tous des blessures de cette sorte, n'est-ce pas? Nous les dissimulons peut-être derrière un sourire, sans abaisser notre garde, mais si nous examinions notre vie de près, si nous nous exposions, nous découvririons que toute personne a une douleur secrète, une peine, un chagrin intime, une blessure très isolée et très secrète.

La société nous inflige des blessures cachées. Vous avez peut-être été victime de préjugés raciaux ou de discrimination fondée sur le sexe ou l'âge.

Vous savez à quel point il est pénible de faire rire de soi, d'être victime d'indifférence ou de ne pas pouvoir respecter sa vocation simplement à cause de sa race, de son sexe ou de son âge.

Ce sont parfois les gens les plus près de nous qui nous infligent les blessures les plus profondes et les plus douloureuses. Certains d'entre vous pleureraient actuellement si j'abordais le délicat souvenir de ce que leur a fait subir leur père, leur mère, leur conjoint, leur enfant, leur amoureux, leur employeur ou leur ami.

Il y a d'autres blessures que nous nous infligeons nous-même. Nous réagissons trop négativement aux circonstances; nous nous blessons en les prenant trop au sérieux. Nous examinons de trop près les actes des autres et nous exagérons le fait qu'ils nous ont rejetés.

Les blessures cachées que vous portez en vous aujourd'hui, ces blessures intimes dont vous ne pouvez parler, quelles armes les ont infligées à votre cœur? Examinez les blessures de Jésus. Les blessures externes ont été infligées par des clous, une couronne d'épines, une lance, un fouet. Mais sa blessure cachée a été causée par un baiser.

Les armes qui vous ont blessé sont probablement aussi banales qu'un baiser. Ce sont des paroles, des regards, un langage corporel. Quelqu'un vous a tourné le dos, ne vous a pas rendu un geste d'amour ou d'amitié, et cela vous a blessé. Un silence vous a accueilli; la personne était peut-être snob. On vous a oublié. Vous n'avez pas été invité. On vous a éconduit. Les paroles, les regards, les gestes: voilà les horribles armes qui infligent des blessures cachées aux cœurs humains.

La question est donc: *Que faire de ces blessures cachées? Comment les guérir*?

Premièrement, *vous ne devez pas les entretenir*. Il y a beaucoup de gens qui adorent entretenir leurs blessures cachées. Ils se rappellent longtemps après les traitements qu'ils ont reçu de leur mère ou de leur père, la manière dont leur premier mari ou leur première femme les a traités. Trente ans plus tard, ils sont encore obsédés par leurs blessures. C'est là une réaction névrosée et négative.

Ne soyez pas amer. Ne laissez pas vos blessures faire de vous une personne amère. Ne laissez pas votre colère contre Dieu ou la personne qui vous a blessé prendre en charge votre vie. Ne maudissez pas vos blessures et n'y repensez pas sans cesse. Essayez de les oublier. Rappelez-vous que vous ne pouvez oublier vos blessures si vous en parlez tout le temps. L'un des grands hommes ayant fait partie du personnel de mon église pendant 30 ans était un pasteur, le docteur Henry Poppen. Le docteur Poppen avait été missionnaire en Chine et avait été fait prisonnier pendant plusieurs mois dans une petite ville de Chine lorsque les communistes avaient pris le pouvoir. Gardé en détention solitaire, il avait fait l'objet d'un horrible traitement. L'expérience avait été tragique, terrible. Il s'était échappé par miracle. La plupart des autres missionnaires avaient été tués à vue. Il s'en était tiré complètement brisé au niveau émotionnel. Mais il avait trouvé la guérison dans les paroles d'un médecin qui lui avait dit:

«N'en parlez plus. Oubliez cela». Dans le cas du docteur Poppen, ce conseil était précisément ce dont il avait besoin. Ses souvenirs étaient si terribles que le fait d'en parler continuellement aurait entraîné comme résultats qu'ils se seraient de plus en plus incrustés dans sa vie.

N'entretenez pas la blessure et ne la maudissez pas. Ne vous la rappelez pas sans cesse. Que faire de vos blessures cachées? *Immergez-les.* Noyez-les dans une vie consacrée à une noble cause.

Je me souviens d'une époque, alors que j'étais jeune ministre du culte, où j'avais un véritable problème personnel avec quelqu'un. Parfois cela me faisait si mal que je ne savais plus que faire. Dans ces moments, ma femme avait toujours une solution. Elle me disait: «Je crois que tu devrais rendre visite à Rosie Gray». Ou: «Va voir Marie; il y a un an que son mari est décédé».

Alors, je me rendais dans les hôpitaux et j'allais visiter les gens. En tant que pasteur, je m'immergeais dans les problèmes des gens. Et ma petite blessure cachée se trouvait noyée. Elle mourait.

Comment faire face à vos blessures cachées? Ne les entretenez pas. Ne les maudissez pas. Ne vous les rappelez pas sans cesse. Noyez-les. Et finalement, *renversez-les.* Transformez les éléments négatifs en éléments positifs. Il vous suffit de laisser votre blessure faire de vous une personne plus sensible, plus considérée, plus encline à pardonner.

Si vous ne pouvez parler de votre blessure sans critiquer quelqu'un ou le dépriser, vous devez alors souffrir en silence. Si tel est le cas, mettez votre confiance en Dieu. Laissez-le guérir vos blessures cachées.

Notre chère Schug n'est plus parmi nous. Elle s'appelait Bernice Schug, mais mes enfants l'appelaient simplement «Schug». La famille de ma femme et la mienne vivant dans le Centre-Ouest, nos enfants ne pouvaient passer beaucoup de temps avec leurs grands-parents.

Lorsque nous avons fait la connaissance de Schug à l'église, elle était veuve. Ses petits-enfants vivaient dans le nord de la Californie, alors elle ne pouvait les voir aussi souvent qu'elle l'aurait voulu. Par la force des choses, Schug allait donc devenir notre grand-mère de Californie. Elle nous donnait, à nos enfants et à nous, de l'amour et des petits gâteaux. Elle gardait nos enfants lorsque ma femme a accouché de nos deux derniers. Elle mangeait avec nous, s'occupait de nos enfants, et pourtant nous ne savions pas à quel point sa blessure cachée était profonde.

Un jour, Schug vint me voir et me dit: «Bob, je lisais dans le bulletin paroissial aujourd'hui que l'orateur invité de dimanche prochain est un kamikaze».

Oh! Je me rappelai alors que le fils de Schug avait été tué pendant la Deuxième Guerre mondiale par un kamikaze. «C'est exact, Schug. Ce pilote a reçu un entraînement de kamikaze, et il aurait dû donner ainsi sa vie si la guerre s'était poursuivie. Mais il raconte merveilleusement la façon dont il a trouvé Jésus».

«C'est possible, mais je ne crois pas que je viendrai à l'église ce dimanche-là. Je ne crois pas que je le pourrais».

Le dimanche suivant, le pilote japonais nous raconta son histoire. Son amour et sa gratitude pour Jésus allumaient une lueur dans ses yeux noirs.

Les gens furent émus par son témoignage. Et, à la fin de la cérémonie, mon assistant-pasteur descendit l'allée à ses côtés, vers l'arrière de l'église.

Soudain, alors qu'ils dépassaient le dernier banc, une vieille femme en sortit. Elle se planta fermement devant le kamikaze, l'empêchant de sortir.

Elle le regarda dans les yeux et lui dit: «Mon fils a été tué à la guerre par un kamikaze!»

C'était Schug. Tout le monde retenait son souffle. Elle ajouta: «Dieu vous a pardonné vos péchés et ce soir Il m'a pardonné les miens».

Elle passa les bras autour du cou de ce petit pilote japonais, l'embrassa et fondit en larmes, se débarrassant de toute l'amertume et la colère qu'elle portait en elle depuis tant d'années.

Pardonner à un kamikaze, alors qu'un autre a tué son fils bien-aimé? Impossible! Oui, c'est impossible pour nous, mais pas pour Dieu!

Après tout, qui mieux que le Christ peut nous enseigner à pardonner? Lorsqu'on l'a mis en croix, brutalement flagellé, coiffé d'une couronne d'épines lorsqu'Il a été trahi et abandonné par ses disciples, qu'a-t-Il dit aux gens qui assistaient à son agonie?

Il a dit: «Mon Père, pardonne-leur: ils ne savent ce qu'ils font». (Luc 23,34).

Jésus est un expert en matière de miséricorde. Laissez-le vous pardonner et guérir vos blessures cachées.

Si vous pardonnez aux gens, les gens vous pardonneront. Si vous pardonnez aux gens, Dieu vous libérera des attitudes vengeresses qui risquent de vous détruire. Si vous suivez l'exemple du Christ, vous découvrirez, à votre grande surprise, que Dieu vous bénira aussi par sa résurrection».

SIXIÈME ATTITUDE POUR ÊTRE HEUREUX

«Je dois laisser la foi circuler librement en moi».

«Heureux les cœurs purs,
car ils verront Dieu».

(Matthieu 5,8)

Souhaitez-vous mieux connaître Dieu? Le doute vous assaille-t-il? Vous arrive-t-il de souhaiter avoir plus de foi?

Dans ce cas, vous n'êtes pas seul.

Je suis pasteur depuis suffisamment longtemps pour savoir que même les gens qui ont été chrétiens toute leur vie ont été un jour ou l'autre assaillis par le doute. Beaucoup de fervents chrétiens traversent des périodes difficiles où Dieu leur semble absent ou lointain. Plusieurs personnes, à l'intérieur et à l'extérieur de l'église — certaines d'entre elles affirment même être agnostiques ou athées — veulent vraiment croire, mais ont du mal à développer une foi puissante.

Si tel est votre combat — avoir une plus grande foi, conquérir le doute, connaître Dieu d'une manière réelle, personnelle pour transformer votre vie — cette attitude pour être heureux est pour vous: «Heureux les cœurs purs», a dit Jésus, «car ils verront Dieu».

Mais que faut-il pour être un «cœur pur»? Permettez-moi de vous suggérer quatre étapes qui pourront vraiment vous être utiles: (1) Assagissez-vous; (2) Faites le ménage; (3) Abandonnez; (4) Entreprenez.

ASSAGISSEZ-VOUS!

Si vous pouviez réunir les plus grands intellectuels du monde et leur demander: «Combien d'entre vous croient en Dieu?» plusieurs se révéleraient croyants. Par ailleurs, vous obtiendriez aussi plusieurs réponses positives si vous posiez la question: «Combien d'entre vous ne croient pas en Dieu?»

Si vous classez les gens les plus intelligents et les plus éduqués du monde en deux catégories, les croyants et les incroyants, chacune de ces catégories trouverait plusieurs adeptes. Cela est attribuable au fait que la foi en Dieu n'est pas une question d'intelligence. La foi ne provient pas de l'intellect, pas plus qu'elle n'est le résultat de l'ignorance.

La foi n'est pas une question d'intelligence. C'est une question d'instinct. Même la science a récemment confirmé le pouvoir d'un instinct inné, intérieur. Il existe un exemple notable de ce fait, la récente expérience du docteur Maurice, un savant spécialisé dans l'étude de l'oiseau tisserin républicain d'Afrique du Sud. Cet intéressant petit oiseau fait son nid à partir de feuilles de palmier, l'isole à l'aide de brins d'herbe soyeux, et il fait ce qu'aucun autre oiseau ne fait: il pratique un trou à la base de son nid, et ce trou lui sert d'entrée. Désireux de faire des expériences sur la force de l'instinct, le docteur Maurice a pris deux œufs dans un nid en Afrique du Sud, les a transportés à l'extérieur du pays et les a fait incuber jusqu'à leur éclosion. Il a réussi à élever les oiseaux dans des cages pendant quatre et même cinq générations. Aucun de ces oiseaux n'avait été exposé à des nids munis de trous à leur base.

Le docteur Maurice a pris la cinquième génération d'oiseaux tisserins, les a ramenés en Afrique du Sud et les a relâchés dans leur habitat naturel. Les oiseaux ont immédiatement trouvé des feuilles de palmier, ont isolé leur nid à l'aide de brins d'herbe soyeux et y ont pratiqué un trou à la base. Incroyable!

Il existe des mystères en anthropologie et en sciences naturelles, des mystères que seul l'instinct peut expliquer. Cet instinct est puissant. Il peut amener des ruches d'abeilles, des bandes de baleines, des bancs de saumons ou des troupeaux d'oies à parcourir des milliers de kilomètres. Cet instinct est également durable: les animaux le conservent tant que leur espèce demeure dans son habitat naturel.

Quelqu'un a dit un jour: «Quand Dieu veut s'assurer qu'une vérité ne sera pas abandonnée ou rejetée, Il en fait une question d'instinct». Lorsque Dieu a voulu s'assurer que le besoin de religion ne mourrait jamais, Il a inscrit ce besoin dans les entrailles des êtres humains. C'est pourquoi le genre humain, depuis le début des temps, a eu tendance à croire en un Dieu. Même les aborigènes d'Australie et les chasseurs de têtes de Nouvelle-Guinée croient en un ou plusieurs dieux. Ils ressentent le besoin instinctif de connaître et de vénérer quelque chose ou quelqu'un de plus grand qu'eux.

L'instinct. Autrement, comment pourrait-on expliquer le phénomène Bill Murray, fils de l'athée militante, Madelyn Murray O'Hare? Il a été élevé et endoctriné dans l'athéisme, et il a travaillé avec sa mère pendant des années, mais il a quand même vécu une expérience qui a transformé sa vie et lui a inculqué la foi en Dieu.

Si vous luttez avec la notion de la foi, assagissez-vous! Rendez-vous compte que Dieu a semé le germe de la foi dans l'instinct de tout être humain sainement constitué. Tout comme l'oiseau sainement constitué se dirige instinctivement vers les arbres, tout comme le poisson sainement constitué nage dans l'eau, l'être humain sainement constitué a tendance à être religieux. Cependant, tout comme les animaux perdent de leurs instincts innés lorsqu'ils s'éloignent de leur habitat naturel, l'homme perd sa capacité de croire en un Dieu d'amour lorsqu'il s'éloigne trop longtemps d'environnements positifs et générateurs de foi. C'est pourquoi il est si important de s'entourer soigneusement de gens positifs, croyants et sains.

La religion est une indication de santé. Le scepticisme est un signe de maladie. L'incroyance est anormale; la croyance est normale. En effet, l'être humain normal embrassera avec joie la foi, alors que le cynique ne pourra croire que lorsqu'il sera guéri des souvenirs négatifs qui le privent de sa capacité innée de voir Dieu.

Le docteur Gerald Jampolsky, éminent psychiatre et ami personnel, a été pendant 45 ans un agnostique convaincu. Puis un jour, sans aucun avertissement, sa vie a été complètement transformée et il s'est mis à croire en Dieu. Je lui ai demandé, à une occasion où nous étions ensemble: «Docteur Jampolsky, pendant toutes ces années où vous n'aviez pas la foi, que pensiez-vous des gens qui fréquentaient l'église?»

Il m'a dit: «Pendant 25 ans, j'ai cru que les gens qui allaient à l'église, priaient et croyaient en Dieu n'étaient pas normaux. Je croyais qu'ils étaient vraiment malades. Maintenant, je vois que j'avais complètement tort. Ils étaient normaux, alors que je ne l'étais pas».

FAITES LE MÉNAGE!

Si la première étape pour se donner une foi plus grande consiste à s'assagir, à se rendre compte que la foi est instinctive, normale et saine; la deuxième étape consiste à faire le ménage, à se débarrasser des émotions négatives qui risquent de faire obstacle à la foi et de nous empêcher de «voir» Dieu.

À une certaine époque, quand mes enfants étaient petits, j'avais énormément de mal à ériger mon église. J'avais des fardeaux et des tensions énormes. Et même si je vivais une vie de pasteur, de mari et de père, mon cœur n'y était pas vraiment. Le désespoir, la dépression et la crainte m'assaillaient.

Souvent à cette époque, je rentrais du bureau, je m'assoyais dans un fauteuil, je prenais le journal et je lisais tous les articles sans vraiment être conscient de ce que je lisais.

Mon petit garçon venait me parler, et je lui disais: «Oui, Bobbie», mais sans vraiment entendre ce qu'il disait.

Un jour, ma femme et moi marchions dans notre jardin. Je lui dis: «Chérie, les rosiers fleurissent». À ma grande surprise, elle me répondit: «Ils fleurissent depuis trois mois».

Ce n'est que quand j'ai demandé à Dieu de me débarrasser de mes anxiétés et de mes soucis que j'ai pu à nouveau ressentir sa présence. Comme s'Il avait appuyé son doigt sur mon cerveau, Il m'a touché, et j'ai senti la crainte et le désespoir m'abandonner, remplacés par la paix, la joie et l'espoir, malgré les obstacles qui se dressaient toujours sur ma route.

Lorsque Dieu m'a touché, mes oreilles se sont ouvertes. J'ai pu à nouveau entendre ce que ma famille me disait. Mes yeux se sont ouverts. J'ai pu à nouveau voir la beauté que Dieu avait créée. J'ai même pu envisager des solutions possibles aux énormes problèmes que j'avais.

Les soucis, l'anxiété, les tensions, les frustrations, tout cela risque de nous empêcher de voir le monde réel qui nous entoure. En poussant un peu plus avant ce raisonnement, vous pouvez voir combien un blocage émotionnel peut nous empêcher d'être conscients de la présence de Dieu.

«Heureux les cœurs purs, car ils verront Dieu». Je crois que Jésus nous dit que, si nous avons la santé émotionnelle et spirituelle, nous serons capables de «voir» Dieu, de croire en Lui.

Cher docteur Schuller,

«Je dois écrire pour vous dire que, quand vous avez parlé de la graine tombée d'un vase et qui gisait inconfortablement dans une fissure du trottoir, piétinée par les hommes, c'est de ma vie, de ma tendre enfance que vous parliez.

Mes parents viennent de familles aisées. L'argent et la gloire étaient leurs dieux. Mais jamais je n'ai été capable de me fier à leur amour. Par conséquent, je n'ai jamais été capable de croire en un père aimant. Cependant, j'étais consciente du fait que les chrétiens étaient heureux. Je ne l'étais pas. Je savais que ma personnalité comportait des lacunes.

Un jour, après avoir entendu un sermon dans lequel vous disiez d'accorder la première place à Dieu, la seconde place aux autres et de nous accorder la troisième place, j'ai offert à Dieu tout ce que j'avais. Je Lui ai offert mon argent, mon temps, ma personne. J'ai dit: «Mon Dieu, je suis prête à être à Vous si Vous voulez m'aider».

Le jeudi suivant était le jeudi saint. Devant une petite église, une affiche disait: «Communion aujourd'hui». J'y suis entrée. J'ai communié et en même temps j'ai demandé à Dieu de faire de moi une personne saine mentalement afin que je puisse être croyante. C'est à ce moment que tout s'est produit. Je me suis sentie libérée de tout le mal que je portais en moi depuis l'enfance. Je ne puis vous dire à quel point je me sens heureuse et soulagée».

Ensuite, l'auteure de cette lettre ajoutait cette note très perspicace et profondément analytique: «C'est un énorme accomplissement pour la personne émotivement perturbée que de faire confiance à Dieu!»

Elle a tout à fait raison! Il est difficile pour une personne qui éprouve des difficultés émotives de croire sainement en Dieu. Alors je vous demande:

- Est-il possible que, quelque part dans votre subconscient, vous entreteniez de l'hostilité envers votre père ou votre mère?
- Est-il possible que vous entreteniez dans votre subconscient des sentiments négatifs à l'égard de votre famille, de vos amis, de vos associés ou de vos concurrents?
- Avez-vous jamais été blessé par quelqu'un qui n'est jamais revenu vous faire des excuses?
- Avez-vous un secret que vous n'avez jamais confié à quiconque concernant quelque chose que vous avez fait, que vous faites ou que vous comptez faire, et qui est immoral ou illégal?

«En présence de l'espoir,
la foi naît.

En présence de la foi,
l'amour devient possible.

En présence de l'amour,
des miracles
se produisent.»

- Avez-vous déjà connu un gros chagrin, sans que vos prières semblent exaucées?
- Vous sentez-vous inférieur aux autres, et avez-vous du mal à vous aimer?

Il y a d'innombrables questions que je pourrais poser. Permettez-moi simplement de dire que si vous avez répondu par l'affirmative à n'importe laquelle de ces questions, vous n'êtes pas totalement dénué d'émotions négatives. Et tant que vous aurez des émotions négatives, *ne faites pas confiance à vos doutes.* Le doute est un mécanisme subconscient de défense que fabrique un esprit souffrant d'insécurité, de culpabilité ou d'autres problèmes, pour nous empêcher de croire en un Dieu qui pourrait avoir des exigences que nous ne sommes pas prêts à respecter.

Les émotions négatives s'opposent à la foi parce qu'elles nous empêchent d'assumer le besoin que nous avons de Dieu. C'est un peu comme la personne qui souffre d'embonpoint et qui refuse de monter sur le pèse-personne, ou comme la personne qui, de crainte de recevoir des factures, refuse de regarder dans sa boîte aux lettres. Au moment où nous avons le plus grand besoin d'aide, les émotions négatives peuvent nous empêcher de nous tourner vers Celui qui est le plus en mesure de nous aider; elles nous empêchent de croire en Dieu et de voir ce qu'Il nous réserve.

Maintenant, vous savez pourquoi Jésus était un tel croyant! Jésus connaissait Dieu. Jésus-

Christ n'avait aucun blocage émotionnel. Il n'avait aucune ambition égoïste, aucune cupidité, aucune jalousie, aucune haine, Il ne s'apitoyait pas sur son sort et n'entretenait aucune plainte égoïste. Au niveau des émotions, Il était constamment positif. Il était «pur de cœur».

Alors, s'il y a dans votre personnalité de la rancune, de l'hostilité, de la culpabilité, de la crainte ou de l'inquiétude, débusquez-la. Chassez-la. Vous serez étonné de voir votre foi s'améliorer. Il vous semblera tout naturel d'être religieux, aussi naturel et normal que de respirer.

J'adore l'histoire qui m'a déjà été racontée sur Léonard de Vinci. Selon la légende, de jeunes garçons rendaient visite à l'illustre artiste. L'un d'eux renversa une pile de toiles. Cela déplut à l'artiste, qui travaillait dans le silence et était très sensible. Il se mit en colère, lança sa brosse et cria des injures au petit garçon, qui quitta le studio en pleurant.

De nouveau seul, l'artiste essaya de reprendre son travail. Il s'efforçait de peindre le visage de Jésus, mais en vain. Sa créativité l'avait quitté.

Léonard de Vinci posa sa brosse. Il sortit et parcourut les rues et les ruelles à la recherche du petit garçon. Il lui dit: «Je suis désolé. Je n'aurais pas dû te parler comme ça. Pardonne-moi, comme le Christ pardonne. J'ai fait pire que toi. Tu n'as fait que renverser des toiles, alors que moi, par ma colère, j'ai chassé l'inspiration de Dieu de ma vie. Veux-tu revenir avec moi?»

Il ramena le petit garçon à son studio. Ils souriaient tous deux en voyant apparaître tout naturellement le visage de Jésus sous la brosse du maître. Ce visage a été une inspiration pour des millions de gens depuis lors.

S'il y a en vous une émotion négative qui nuit à votre relation avec Dieu, faites le ménage! «Heureux les cœurs purs, car ils verront Dieu». Voici quelques exercices pratiques:

1) Pensez à une blessure cachée que vous avez subie autrefois, et priez pour que la personne qui en a été la cause soit pardonnée. C.S. Lewis disait: «Nous sommes tous d'accord pour dire qu'il est très bien de pardonner, jusqu'à ce que nous ayons l'occasion de le faire!»

2) Pensez à une personne dont vous êtes jaloux, et priez pour que cette personne connaisse la prospérité.

3) Pensez à une personne que vous avez blessée, trompée, insultée, jouée, snobée ou critiquée. Téléphonez-lui. Invitez cette personne à manger avec vous. Avouez-lui votre faute et demandez-lui de vous pardonner.

4) Pensez à une cause, un projet ou une personne victime de négligence. Étonnez-vous de votre générosité! Donnez vraiment beaucoup, y compris de votre personne.

5) Adressez une prière tout à fait honnête au Christ. Vous doutez de Dieu. Dites-le-lui. Il

vous aimera encore, même si vous ne croyez pas en Lui! (Dieu aime les pécheurs; c'est sa spécialité!)

Peut-être avez-vous lu l'étonnante histoire du jeune homme de l'armée de l'air qui a pu survivre parce qu'on a changé tout le sang de son organisme. Il souffrait d'hépatite, et son foie ne fonctionnait pour ainsi dire plus. Les médecins ont retiré jusqu'à la dernière goutte de sang de son corps et y ont substitué une solution saline. Ils ont abaissé à 30°C la température de son organisme. Pendant 8 ou 10 minutes, il était pour ainsi dire cliniquement mort. Les médecins ont alors retiré la solution saline et ont rempli ses veines et ses artères de sang neuf et sain. Un miracle de la médecine venait de se produire. Une vie humaine avait été sauvée. Fascinant!

Jésus a dit que, si vous voulez voir Dieu, il vous faut renaître. On peut également dire que vous avez besoin d'une transfusion «sanguine» spirituelle. Le vieux sang négatif est retiré. Ensuite, le nouvel esprit de Jésus-Christ, comme du sang neuf, se répand dans la totalité de votre système nerveux et émotionnel, et vous devenez une personne nouvelle! «Si un homme est dans le Christ, il est une créature nouvelle». Par le biais du Saint-Esprit, chacune de vos cellules reçoit un «sang spirituel renouvelé». Si les médecins ont pu redonner la vie à un membre de l'armée de l'air, imaginez ce que Dieu peut faire à l'intérieur de votre esprit!

Voulez-vous vivre avec Dieu une expérience qui transforme la vie? Faites le ménage. Faites appel à la grâce du Christ pour vous laver de vos fautes. Acceptez la miséricorde de Jésus. Laissez-le vous débarrasser de vos blocages émotionnels négatifs.

ABANDONNEZ!

Voulez-vous vivre avec Dieu une expérience qui transforme la vie? Assagissez-vous! Comprenez qu'il est instinctif et normal d'être religieux. Faites le ménage! Lavez-vous de vos erreurs et de vos émotions négatives en faisant appel à la grâce du Christ. Et la troisième étape est: Abandonnez tout ce qui constitue un obstacle à votre progrès. Peut-être devrez-vous renoncer à quelque chose dans votre vie, avec l'aide de Dieu. Si quelque chose s'oppose à la naissance d'une foi réelle, peut-être devrez-vous y renoncer. S'il s'agit d'un choix entre la vie et une mauvaise habitude, optez pour la vie.

Il y a plusieurs années, j'ai été officiant lors du mariage de l'acteur hollywoodien, Glenn Ford. En attendant que la cérémonie commence, nous avons conversé dans une pièce secondaire de sa maison. Dans cette pièce se trouvaient Glenn Ford, son témoin, Bill Holden, Frank Sinatra, Jimmy Stewart et John Wayne.

«Tu sais, Francis, tu devrais cesser de fumer», dit John Wayne à Frank Sinatra, qui sourit.

Avant qu'il puisse répondre, Jimmy Stewart demanda à John Wayne: «Quand as-tu cessé de fumer, Duke?»

Jamais je n'oublierai sa réponse: «Quand j'ai décidé qu'il était plus important de vivre que de fumer».

Nous pouvons trouver la force de renoncer à quelque chose lorsque cela constitue une menace à ce qui nous est précieux, comme la vie par exemple.

Le docteur Kenneth Cooper, auteur de best-sellers et fondateur d'un centre de conditionnement physique de renommée internationale à Dallas, au Texas, est une sommité en ce qui concerne la santé et la bonne forme physique. Il a popularisé la notion de «danse aérobique». À mon avis, c'est au docteur Cooper plus qu'à quiconque que nous devons l'engouement pour la bonne forme physique que connaissent les États-Unis et le reste du monde. Il y a plusieurs années, je l'ai interviewé dans le cadre de l'émission *The Hour of Power*, et, en présence de mon auditoire national, le dialogue suivant s'est déroulé à propos des habitudes négatives et de la façon de s'en débarrasser:

K.C.: «Il y a au moins 50 000 000 d'Américains qui ont un problème de poids, pour un total de 2 000 000 000 kg en trop. J'espère que nous ne perdrons pas notre bonne réputation à cause de statistiques de ce genre. On a bien vu à quel point la société souffrait d'embonpoint lors de la rénovation du Yankee Stadium il y a quelques années. Neuf mille sièges ont dû être retirés, parce qu'on ne pouvait modifier les dimensions globales du stade, mais on était obligé d'accroître la largeur de chaque siège de 48,26 cm à 55,88 cm, pour accommoder le postérieur de l'Américain moderne! Nous avons beaucoup d'obésité en Amérique».

R.S.: «Alors, vous dites que nous devons faire de l'exercice et manger moins?»

K.C.: «Absolument. L'obésité sévit partout dans le pays, et l'obésité s'accompagne notamment d'hypertension, de diabète, de troubles cardiaques et même de dépression».

R.S.: (J'avais besoin de me vanter un peu). «Vous savez, il y a quelques années, j'ai cessé de manger du pain de mie, des biscuits et du sucre. Je ne mange que des fruits frais pour dessert».

K.C.: «Bob, il est certain que vous vous rendez un grand service. Nous recommandons de limiter l'apport en cholestérol, de consommer moins de friandises et de se concentrer sur les aliments naturels — les légumes, les fruits frais et les viandes maigres. Voilà ce que doivent faire les Américains. À notre centre d'aérobie, nous encourageons les gens à consulter leur médecin d'abord, à faire analyser leur sang pour déterminer leur taux de cholestérol, de triglycérides et de sucre. À partir de ces données, nous pouvons fournir des indications précises quant aux changements que les gens doivent apporter à leur diète pour améliorer leur situation».

R.S.: «Vous avez aussi des idées bien arrêtées concernant le tabagisme?»

K.C.: «En effet! Le pire risque pour la santé que nous ayons aux États-Unis de nos jours est le tabagisme. Permettez-moi de citer quelques brèves statistiques: Si vous fumez plus d'un paquet de cigarettes par jour, vous risquez trois fois plus de mourir d'une crise cardiaque qu'un non fumeur ou un ex-fumeur. Mais ce qui est encourageant, c'est que quand une personne cesse de fumer, à peine six mois après, elle fait partie des gens qui présentent le moins de risques de crises cardiaques. C'est pourquoi je crois fermement que l'amélioration radicale de la santé de notre population au cours des 15 ou 20 dernières années est imputable au fait que 30 000 000 de personnes ont cessé de fumer la cigarette depuis 1964».

R.S.: «On dit des cigarettes qu'elles sont des «clous de cercueil, des pas de plus vers la tombe».

K.C.: «Elles en sont vraiment. Et n'oubliez pas que des études récentes démontrent que chaque cigarette fumée accroît les risques de cancer du poumon. Par exemple, si vous fumez 5 cigarettes par jour, vous courez 5 fois plus de risques de mourir du cancer du poumon. Si vous fumez 30 cigarettes par jour, vous risquez 30 fois plus qu'un non fumeur de mourir du cancer du poumon. Et ainsi de suite».

R.S.: «Mais comment les gens peuvent-ils cesser de fumer? Comment peuvent-ils perdre du poids?»

K.C.: «Je recommande d'abord d'entreprendre une série d'exercices. Cela donne aux gens une forme de discipline. Tout est possible avec l'aide de Dieu. Certains peuvent réussir seuls, mais la plupart ne réussiront qu'en demandant l'aide de Dieu».

«Heureux les cœurs purs». Il est toujours sage de renoncer à ce qui, selon vous, risque de nuire à vos bons rapports avec Dieu.

Je précise à votre intention que les moments où je me suis senti le plus près de Dieu ont été ceux où j'ai renoncé à quelque chose que j'aimais beaucoup. Mon expérience témoigne des paroles du Seigneur, lorsqu'Il disait: «Si un homme veut me suivre, qu'il renonce à lui-même, prenne la croix et me suive».

Tout dernièrement, avec l'approbation enthousiaste de mon médecin, j'ai entrepris un jeûne. Pendant six jours, je n'ai pris aucune nourriture solide. Pendant cette période, il m'arrivait d'avoir faim, mais je me sentais particulièrement près de Jésus-Christ.

Je me souviens de l'époque où j'ai commencé à donner le dixième de mes revenus à Dieu. C'était vraiment difficile. Je devais renoncer à quelque chose, mais je me sentais plus près de Dieu.

Il y a plusieurs années, je fumais. Il faut comprendre que là où j'ai grandi, le tabagisme n'était pas mal perçu. Au sein de l'église de mon enfance, tous les bons pasteurs hollandais fumaient le cigare ou la pipe. Cependant, j'ai acquis la conviction que, pour moi, le tabagisme n'était pas bien, et j'ai cessé de fumer. Ce fut difficile, mais après avoir cessé, je me sentais très bien.

Vous voyez, le jeûne, la dîme et le fait de cesser de fumer, tout cela était difficile, mais j'ai chaque fois réussi avec l'aide de Dieu. C'était à chaque fois une aventure axée sur la foi, qui fournissait à Dieu l'occasion de faire ses preuves. Et Il a chaque fois relevé le défi!

Mais ne vous méprenez pas. Je ne dis pas que vous devez cesser de fumer ou perdre du poids pour «voir» Dieu. Je vous dis cependant que pour avoir le «cœur pur» vous devrez peut-être renoncer à quelque chose que vous aimez beaucoup. Il peut s'agir d'argent, de tabagisme ou de nourriture. Il peut s'agir d'alcool ou d'autres drogues. Il peut s'agir de relations sexuelles extra-conjugales. Je ne sais pas ce qui vous empêche d'entretenir des rapports étroits avec Dieu. Je ne veux pas le savoir; cela ne regarde que vous et Lui. Mais faites-en une aventure spirituelle et vous vivrez une expérience avec Dieu. Beaucoup de gens ont une foi chancelante simplement parce qu'ils ont peur de prendre des risques pour Dieu. Essayez!

ENTREPRENEZ!

Le docteur Cooper suggère d'entreprendre un programme d'exercices comme première étape sur la voie d'une meilleure santé. Le même principe s'applique à notre démarche spirituelle. Pour avoir le cœur pur, nous devons entreprendre quelque chose:

- un rêve...
- un projet...
- une vocation inspirée de Dieu!

En fin de compte, que veut dire «cœur pur»? Cela veut-il dire que nous sommes sans péchés? Bien sûr que non. Si tel était le cas, Jésus nous aurait demandé l'impossible. Je ne suis pas sans péchés. Vous non plus. Nul n'est sans péchés.

Si Jésus ne nous demande pas d'être sans péchés, alors que veut-Il dire lorsqu'Il dit: «Heureux les cœurs purs»?

Comme je l'ai mentionné dans un chapitre antérieur, un champ pur n'en est pas un où il n'y a plus de mauvaises herbes. Non. Un champ pur

Vous pouvez renoncer
à quelque chose.

Si vous pouvez vivre
pour quelqu'un!

est un champ productif, où poussent le maïs, les ananas ou les oranges.

Il en est de même de notre vie. Nous pouvons croire en Dieu, nous pouvons le voir, nous pouvons voir la vision qu'Il a de notre vie, nous pouvons sentir la présence de son esprit dans notre vie. Il nous suffit de:

- nous assagir;
- faire le ménage;
- renoncer, et enfin;
- accepter de faire quelque chose de grand pour Dieu.

Il y a une cause extraordinaire que je peux vous offrir: la cause du Christ dans le monde d'aujourd'hui. Dieu est vivant, le Christ est vivant, et des millions de gens le trouvent. Si vous ne l'avez pas trouvé, il vous reste à vivre la plus belle expérience de votre vie! Je vous offre Jésus-Christ comme cause.

Entreprenez une «cause» et vous pourrez facilement renoncer à des «choses».

Un couple de jeunes mariés habitant un modeste appartement est heureux. Pourquoi? Parce que ces jeunes gens ont une cause: leur nouvelle vie matrimoniale.

Un artiste vit dans un grenier poussiéreux. Il est mal nourri, a peu de vêtements, mais il est heureux! Pourquoi? Parce qu'il vit pour une cause: son art. Il n'a pas besoin de biens matériels.

Un chercheur scientifique qui se présente en classe vêtu d'un pantalon trop grand, la barbe longue et sans cravate, n'est pas intéressé par les costumes coûteux. Il est pris par une cause: celle de la recherche et de l'étude.

Vous pouvez vivre en vous passant de bien des choses si vous avez une grande raison de vivre. Jésus a dit: «Cherchez d'abord le Royaume et sa justice, et tout cela vous sera donné par surcroît». (Matthieu 6,33).

Voulez-vous vivre une véritable expérience avec Dieu? Assagissez-vous. Faites le ménage. Abandonnez. Et portez la croix de Jésus-Christ. Dieu vous offre une cause, la cause du Christ. Jésus a besoin de vous.

> Le Christ n'a que nos mains pour accomplir
> son œuvre aujourd'hui.
> Il n'a que nos pieds pour conduire les hommes
> sur sa voie.
> Il n'a que nos langues pour dire aux hommes
> comment Il est mort.
> Il n'a que notre aide pour attirer les hommes à
> ses côtés.

C'est aussi simple que cela. Lui avez-vous donné votre cœur? Peut-être êtes-vous chrétien et avez-vous accepté le Christ, mais que Dieu n'est pas assez réel à vos yeux. Peut-être avez-vous besoin d'effectuer un certain nettoyage dans votre cœur. Peut-être devez-vous renoncer à quelque chose, ou entreprendre quelque chose.

Je vous ai parlé, dans le chapitre précédent, de Mère Teresa. Mère Teresa a quitté le confort et la sécurité de son couvent avec quelques roupies seulement en poche. Elle s'est rendue dans le quartier le plus pauvre de la grande ville de Calcutta. Elle a trouvé une femme encore vivante que les rats avaient commencé à dévorer, et elle a emmené cette femme à l'hôpital. C'est ainsi qu'elle a commencé l'œuvre de sa vie. Aujourd'hui, elle consacre son temps à aider les plus pauvres d'entre les pauvres. Les gens qui l'ont rencontrée parlent de son visage radieux évoquant la présence de Dieu. Pas étonnant... écoutez-la!

Elle écrit: «La joie. La joie est la prière. La joie est la force. La joie est l'amour. Dieu aime la personne qui donne dans la joie. Celle qui donne le plus est celle qui donne la joie. La meilleure façon de montrer ma gratitude à Dieu est de tout accepter, même mes problèmes, dans la joie. Un cœur joyeux est un cœur consumé par l'amour. Ne laissez rien vous attrister et vous faire oublier un seul moment la joie de la résurrection du Christ».

Elle poursuit en disant: «Nous visons tous le paradis, où Dieu règne. Mais il est en notre pouvoir d'être au paradis aux côtés de Dieu dès maintenant, à cet instant même. Mais pour être aux côtés de Dieu dès maintenant, nous devons aimer notre prochain comme Lui, aider les nécessiteux comme Lui, donner comme Lui donne à ceux qui sont dans le besoin, servir comme Lui les gens souffrant de solitude et sauver comme Lui ceux qui risquent de périr. Voilà mon Christ. Voilà ma façon de vivre».

Dieu est si réel. Il sera aussi réel pour vous si vous acceptez le Christ dans votre cœur. Adoptez l'objectif de Mère Teresa: «Faire quelque chose de grand pour Dieu». Recherchez dès maintenant autour de vous quelqu'un qui souffre et que vous pouvez aider. Faites-le au nom de Dieu.

Si vous voulez vivre avec Dieu une expérience qui transforme la vie, une foi dynamique, voici comment faire. Demandez à Dieu de prendre en main votre vie, de guérir vos souvenirs subconscients. Demandez à Jésus-Christ de vous pardonner vos péchés secrets. Demandez-Lui ensuite de prendre en main votre vie et de vous montrer comment vous pouvez faire partie de quelque chose de grand pour Dieu! Car la foi et les grandes œuvres amènent Dieu à se manifester en soi.

Examinez un stylo à encre. L'encre y circule pour former des mots; c'est la communication. Si vous remettez simplement votre vie entre ses mains dès aujourd'hui, Il peut circuler en vous. Il peut guérir votre cœur. Il peut chasser les absurdités de votre vie et les remplacer par un rêve saint! Et vous en viendrez à vous rendre compte que l'ardent désir, le rêve intense, le puissant sens de la destinée, est la vie même de Dieu envahissant votre âme! Votre rêve, c'est Dieu en vous!

La décision est prise! Devenir croyant! Et acceptez le fait qu'une attitude mentale positive — une attitude pour être heureux — requiert que vous laissiez la foi circuler librement.

SEPTIÈME ATTITUDE POUR ÊTRE HEUREUX

«Je serai constructeur de ponts».

«Heureux les artisans de paix,
car ils seront appelés fils de Dieu».
(Matthieu 5,9)

Quel souvenir voudriez-vous que l'on conserve de vous? Quel genre de réputation cherchez-vous à vous faire? Quel genre d'image voulez-vous projeter? Que voulez-vous voir inscrit sur votre pierre tombale?

Cela vous indiffère? Beaucoup de gens diraient: «Je ne me soucie pas de ce que l'on dira».

D'autres diront: «Je crois qu'il est dangereux de poser des questions de ce genre. Cela risque de me rendre égocentrique».

Mais pensez-y: Ces questions peuvent être très positives et motivantes si votre objectif est de devenir une excellente personne. Car je crois que l'une des choses que dit Jésus dans la septième béatitude est que le bonheur nous est donné lorsque nous soignons notre réputation pour une raison valable, lorsque nous nous efforçons de vivre dans le but d'être reconnus comme étant des «enfants de Dieu».

«Heureux les artisans de paix, car ils seront *appelés* fils de Dieu». Voilà une phrase qui contient de l'espoir, et nous explique comment procéder.

L'ESPOIR

L'espoir, dans cette septième béatitude, est de pouvoir nous faire une réputation qui répondra à notre besoin de respect, d'estime de soi et de valeur personnelle. Quelle est l'essence de l'estime de soi? Elle consiste à savoir que j'ai fait de mon mieux et que je suis reconnu et honoré comme étant un enfant de Dieu!

Qu'est-ce que les autres pensent de moi? La façon de répondre à cette question humaine est très importante. Tant de gens l'abordent en termes de «popularité».

- Les jeunes gens répondent à cette question lorsqu'ils s'efforcent d'être considérés en «faisant comme tout le monde».
- Les adultes tentent d'être estimés en accumulant les biens matériels — en achetant la même chose que les voisins, en faisant partie des cercles bien en vue, en portant des vêtements qui, selon eux, les rendront populaires — et par le biais de nombreuses autres manifestations sociales, trop nombreuses et complexes pour que nous les nommions toutes.

Mais mon propos n'est pas celui de la popularité, du moins pas ce genre de popularité. Si vous ne pouvez garder une réputation honorable, vous n'aurez pas le genre de popularité qui vous laissera avec le sentiment d'une saine estime de soi. La jeune personne qui résiste à la tentation de consommer des drogues se sent victorieuse. Elle a gagné! Elle a été la plus forte! Elle se sent bien dans sa peau. Et cette personne méritera au bout du compte une réputation positive.

Le but n'est pas uniquement d'être populaire, mais d'être reconnu comme étant une merveilleuse personne, un enfant de Dieu!

- Nous ne devons pas nous dire: «Ce que disent les gens m'indiffère».
- Nous ne devons pas nous dire: «Je veux la popularité à tout prix».
- Nous devons adopter l'attitude pour être heureux qui nous fera dire:

«Je vais m'efforcer de vivre de façon à me construire une réputation de merveilleux enfant de Dieu!»

LA FAÇON DE PROCÉDER

Comment peut-on jouir d'une réputation de merveilleux enfant de Dieu?

La septième béatitude nous dit: «Heureux les artisans de paix, car ils seront appelés enfants de Dieu».

Le matin de mon ordination, j'ai ouvert ma Bible afin de prier. Elle s'est ouverte sur ce passage: «On t'appellera Réparateur des brèches, Restaurateur des demeures en ruines». (Isaïe 58,12). Et j'ai adopté ce verset de la Bible comme une indication du Seigneur m'enjoignant de trouver une solution pacifique à tous les conflits. Faire la paix a été l'un des buts importants de ma vocation de pasteur.

Je crois que nous sommes tous appelés à faire la paix. Et il peut être très gratifiant de faire la paix. Le fait d'aider à faire la paix là où se produisent des tensions et des conflits procure un sain sentiment de satisfaction, d'estime de soi et de valeur personnelle.

Mais il peut également être dangereux d'être un pacificateur. Il peut être très coûteux de jouer le rôle de médiateur de la paix. Plusieurs policiers font partie de mon église. Ils me disent que l'intervention la plus difficile qui soit concerne une querelle familiale, lors d'un conflit entre une femme et son mari. Dans une telle situation, il n'est pas rare que le médiateur soit abattu!

Il peut parfois être très difficile de faire la paix. Et pourtant, c'est absolument essentiel. L'ambassadeur, Max Kampelman, qui a participé à de récentes négociations sur le désarmement, citait un jour ces paroles du sénateur Hubert Humphrey sur ce sujet: «La négociation en présence de deux adversaires est un peu comme traverser une rivière en marchant sur des pierres glissantes... C'est risqué, mais c'est la seule façon de traverser».

Le rôle de pacificateur est effectivement dangereux. On peut trébucher. On peut tomber et se rompre le cou. On peut se noyer. Mais c'est la seule façon d'accéder de l'autre côté. Il est risqué de jouer le rôle d'un médiateur, mais cela est nécessaire s'il y a des brèches à colmater.

DES BRÈCHES?

Nous voyons des brèches tout autour de nous. Au sein des familles. Entre les travailleurs et les patrons. Entre les nations. Entre les partis politiques.

Des gens m'ont déjà demandé: «Docteur Schuller, pourquoi ne prenez-vous jamais position en ce qui a trait aux questions politiques controversées?»

Je ne suis certainement pas d'avis qu'il est mal de prendre position concernant les questions politiques! Mais j'ai toujours eu le sentiment que le rôle spécial que je dois jouer dans les situations politiques consiste à m'efforcer de colmater les brèches et de restaurer les demeures. J'essaie d'aider les gens à se réunir et à résoudre leurs conflits.

Bien sûr, il y a différentes façons de résoudre un conflit. J'aime l'histoire de Helga et Henry, un couple de Suédois. Ils étaient mariés depuis 60 ans, et ils se battaient comme chiens et chats depuis le premier jour. Finalement, leur 60e anniversaire de mariage arriva. Helga et Henry commencèrent la journée par une terrible bagarre. La prise de bec dura toute la journée.

Le soir venu, Helga dit à son mari: «Henry, ce soir, en faisant nos prières, nous ferions mieux de demander la paix. Nous nous querellons depuis 60 ans, Henry. Demandons au Seigneur de nous donner la paix. Alors ce soir, je vais demander au Seigneur de te ramener à la maison, et je vais aller vivre avec Olga, ma sœur».

Bien sûr, je ne recommande pas de résoudre un conflit de cette manière. La plupart des conflits finissent par se résorber d'une façon ou d'une autre. Mais espérons et prions qu'ils se résolvent de manière positive et constructive.

Lorsque Dieu voit une brèche, Il construit un pont. Et Il nous demande de l'aider en jouant le rôle de pacificateur.

Mon ami Hubert Humphrey était un pacificateur. Il colmatait les brèches. Il m'a toujours inspiré, même au cours des dernières semaines de sa vie, alors qu'il était si malade.

C'est pourquoi je me suis rapidement rendu aux côtés du sénateur Humphrey lorsque sa famille m'a téléphoné pour me demander de venir à Minneapolis et de l'encourager à retourner une dernière fois à Washington.

Nous avons parlé un peu, et le Seigneur m'a donné une idée. J'ai dit: «Hubert, lorsque vous étiez vraiment abattu et déprimé dans la vie, comment vous remettiez-vous sur pied?»

J'espérais qu'en se remémorant des victoires antérieures, il retrouverait un peu du courage d'antan et se reprendrait en main.

Il se mit à se rappeler plusieurs expériences. Après un certain temps, je lui dis: «Cela a dû être très difficile pour vous lorsque vous avez perdu la présidence aux mains de Richard Nixon?»

Il répondit: «Il s'agit sans doute du pire moment que j'aie connu de ma vie».

— Comment vous êtes-vous remis émotivement de cette épreuve?»

Je pouvais voir que le souvenir le fortifiait et lui redonnait du courage. Puis je vis qu'il avait une lueur dans le regard, et je dis: «Hubert, quand allez-vous retourner à Washington?»

Je l'avais surpris, et il me répondit sans prendre le temps de réfléchir:

«Oui, peut-être devrais-je y retourner une fois de plus».

Muriel Humphrey sourit et dit: «C'est merveilleux. Je vais appeler le président».

J'ai prié avec lui, il m'a raccompagné à la voiture, je me suis rendu à l'aéroport et je suis rentré chez moi. Le lendemain matin, on a dit aux informations que l'avion Air Force One, avec le président Carter à son bord, avait fait un arrêt à Minneapolis, au Minnesota, pour prendre Hubert Humphrey et le ramener à Washington.

Il m'a appelé plus tard pour me remercier.

Je lui ai dit: «Hubert, je ne crois pas qu'il y ait un seul Américain aujourd'hui qui soit plus applaudi que vous».

Il répondit: «Peut-être avez-vous raison».

«Ce qui est ironique dans tout cela, c'est qu'à 32 km d'ici vit un homme dans une solitude presque totale. Son nom est Richard Nixon. Vous êtes à l'honneur actuellement. Mais à cause du scandale du Watergate, lui, il vit une situation tout à fait contraire. Quelle est votre opinion? Croyez-vous qu'il doive rester ainsi toute sa vie durant? Doit-on lui pardonner?»

Nous en avons discuté et j'ai dit: «Je ne crois pas que monsieur Nixon puisse revenir sans un énorme appui: (1) Il faudrait qu'il soit invité à un événement public prestigieux. (2) Il faudrait qu'il soit convié à faire un retour par une personne que tout le pays respecte. (3) Il faudrait que l'invitation provienne d'une personne qui ne cherche pas à se faire élire, car cela pourrait être utilisé contre elle par ses adversaires politiques».

Le sénateur Humphrey hésita, puis il dit: «Il semble que je sois l'homme de la situation. Je ne cherche certainement pas à me faire élire».

Il réfléchit un peu, puis il dit: «Oui, je laisserai savoir qu'il peut venir à mes funérailles. Je crois que ce sera un événement. Et étant donné qu'elles seront défrayées par un démocrate libéral, personne ne pourra dire un mot».

Eh bien, c'est exactement ce qui se produisit. Le corps du sénateur Humphrey gisait dans son cercueil, sous la rotonde du Capitole, Muriel était à ses côtés, et à proximité d'elle était assis Richard Nixon.

Quelqu'un a dit: «Comment ont-ils pu inviter Richard Nixon aux funérailles du sénateur Humphrey?» Et une autre personne répondit: «Si vous aviez connu Hubert Humphrey, vous ne poseriez pas cette question».

«Tu répareras les brèches, et tu restaureras les demeures en ruines».

CONSTRUIRE DES PONTS

Lorsque Dieu voit une brèche, Il construit un pont.

C'est la source de ma motivation depuis des années. Et cela repose sur ce que l'on appelle souvent la pensée positive. Dans mon récent ouvrage intitulé *The Power of Being Debt Free**, au quatrième chapitre, j'ai écrit: Ne refusez jamais une idée parce qu'elle risque d'être controversée. Ne refusez jamais une idée pour ne pas avoir à changer d'opinion ou de façon de faire. N'abandonnez jamais une idée parce qu'elle risque de créer des problèmes ou parce qu'elle est dangereuse ou risquée.

La pensée positive dit «oui!» à une idée si elle peut aider des gens qui souffrent. Elle dit «oui!» à une idée si cette idée peut contribuer à la paix, à la prospérité ou à inspirer la fierté en l'humanité.

---

* Écrit en collaboration avec Paul David Dunn (Nashville: Thomas Nelson, éditeurs, 1985).

Lorsque Dieu
voit une brèche,
il construit un pont!

Lorsqu'il voit
une cicatrice,
il crée une étoile!

Permettez-moi de citer un autre passage de *The Power of Being Debt Free*: «Dans un monde où sévit la guerre, la pauvreté et l'humiliation pour la famille humaine, ne rejetons jamais du revers de la main et de façon impulsive des propositions sincères qui, bien qu'elles puissent sembler peu plausibles et irréalistes, peuvent rapprocher la famille humaine d'une prospérité pouvant évincer la pauvreté, d'une paix pouvant éliminer la guerre, et d'une fierté pouvant supprimer la honte».

J'ai vraiment le sentiment que nous sommes appelés par Dieu à réparer les brèches et à restaurer les demeures. Lorsqu'une relation a été endommagée ou détruite, nous sommes appelés à réconcilier les parties. Lorsqu'une rupture se produit, nous devons la réparer. Là où il y a une cicatrice, nous devons créer une étoile; nous devons guérir les blessures.

OÙ TROUVE-T-ON LE POUVOIR DE FAIRE LA PAIX?

La seule source d'un tel pouvoir, d'une telle attitude, est le Seigneur. C'est pourquoi je ne vois pas comment des propositions de paix peuvent se faire sans intervention divine. Car Dieu est le pourvoyeur lorsque tout le reste échoue. Le pouvoir de faire la paix nous est donné lorsque nous ne faisons qu'un avec Dieu.

J'ai entre les mains un livre merveilleux... et très rare. Il s'intitule *Eighty: An American Souvenir*, et on le doit à Eric Sloane, un artiste dont le

Reader's Digest a dit un jour: «Nul ne dépeint nos souvenirs d'antan en brossant comme il le fait les douceurs mêlées d'amertume de la vie quotidienne».

J'ai rencontré Eric Sloane lors d'une semaine passée à New York à faire des interviews à la télévision. Je disposais d'une heure entre deux rendez-vous, et je demandai à mon chauffeur: «À quelle distance se trouvent les galeries Armand Hammer?

— Oh, pas très loin», dit-il. Peu de temps après, nous nous arrêtions aux galeries. Il s'y tenait notamment une exposition des œuvres d'Eric Sloane. Les murs étaient couverts de merveilleux tableaux du ciel et de ponts couverts américains.

Un client admirait un très beau tableau. Il me regarda et murmura quelque chose à l'oreille de sa femme. Je savais ce qu'ils disaient, alors j'allai vers eux et leur dis bonjour.

Ils me dirent: «Oh, docteur Schuller. Nous vous regardons toutes les semaines». Puis il se remirent à admirer les tableaux. «N'est-ce pas que son œuvre est merveilleuse?

— Oui!»

Ils me dirent: «Dommage que vous n'ayez pas été présent hier soir, au vernissage, car Eric Sloane lui-même était ici».

Juste à ce moment, la porte s'ouvrit. C'était tout à fait providentiel. Les gens auxquels je parlais me dirent: «Oh, le voici».

Je vis entrer un homme, le corps droit et raide, les cheveux argentés. Je remarquai des fossettes et des lueurs dans le regard, une très belle cravate bleue, une chemise blanche et un gilet croisé en laine.

Il salua le client, qui le conduisit jusqu'à moi. Monsieur Sloane s'approcha et dit: «Docteur Schuller, vous êtes exactement comme à la télévision».

C'était un ami. Il me dit: «Je vais vous dire pourquoi j'aime ce que vous faites, docteur Schuller». Puis il me raconta son histoire.

«J'étais un très jeune homme lorsque j'ai hérité d'un million de dollars comptants de mon père. Vous auriez du mal à croire à quelle vitesse j'ai tout dépensé! Je me suis éveillé un dimanche matin et je me suis rendu compte qu'il ne me restait plus un sou. J'étais terriblement déprimé. Mon héritage s'était envolé, mon père était mort et je n'avais plus rien. Je suis entré dans une petite église, même si je n'étais pas très religieux, et j'ai entendu le pasteur qui disait: «Votre héritage est la providence de Dieu».

«Il ne me connaissait pas. Mais le pasteur ajouta: «Dieu vous donnera ce dont vous avez besoin, quelle que soit votre pauvreté. Mais vous devez lui faire confiance et remettre toute votre vie entre Ses mains».

«À cette époque je ne peignais que des panneaux. Mais je pris ma brosse et sous mon chevalet, j'écrivis les mots: «La providence de Dieu est mon héritage».

«À partir de ce moment-là, ma vie entière changea».

Il poursuivit en disant: «Ma réussite ne pourrait être plus grande qu'elle ne l'est actuellement».

Je lui demandai: «Accepteriez-vous d'être mon invité à l'émission *The Hour of Power* l'un de ces dimanches?»

Il répondit avec enthousiasme: «Avec un grand plaisir!»

J'allais partir, quand Eric Sloane me tendit un livre. Il me dit: «Docteur Schuller, ceci est mon autobiographie. La plupart des exemplaires sont encore à bord d'un navire en provenance d'Italie. C'est le seul endroit où j'ai accepté de voir mon livre imprimé».

Il ajouta: «Je n'en ai que six exemplaires, mais je tiens à vous en donner un». C'est ainsi qu'Eric Sloane me dédicaça l'un de ses livres que je déposai dans la bibliothèque Schuller, avec un pont et la date.

Cela se passait un lundi. Imaginez le choc que je ressentis quand j'appris trois jours plus tard qu'Eric Sloane était mort dans les rues de New York! Je possède sans doute l'un des rares exemplaires dédicacés de son autobiographie.

Eric Sloane. Dans son autobiographie, il a repris l'esquisse d'une pierre tombale qui aurait très bien pu être la sienne. On pouvait y lire les mots: «Dieu sait que j'ai essayé».

Que voulez-vous qu'il soit inscrit sur votre pierre tombale? Quel souvenir voulez-vous laisser de vous?

«La providence de Dieu est mon héritage». Cette parole, Eric Sloane l'a adoptée. Et le même héritage nous attend, vous et moi. Nous n'avons qu'à le réclamer.

LES PACIFICATEURS, QUI SONT-ILS?

Vous sentez-vous en banqueroute? Notre pays, notre monde, a-t-il un urgent besoin de puissance? De paix? La providence de Dieu est notre héritage.

Quel souvenir voulez-vous laisser? Celui d'un enfant de Dieu? D'un pacificateur?

Qui sont les pacificateurs? S'agit-il seulement de politiciens et de leaders mondiaux? Ou s'agit-il aussi de gens comme vous et moi?

Chacun de nous peut être un pacificateur. La mère qui résout la guerre que se livrent ses petits enfants fait œuvre de paix. L'étudiant qui aide à supprimer un conflit dans son dortoir fait de même. L'arbitre qui garde son sang-froid malgré les attaques verbales d'entraîneurs mécontents est un pacificateur.

Chacun de nous peut être un médiateur de paix, qui que nous soyons et quoi que nous fassions.

Je n'oublierai jamais le jour où S. Truett Cathy a été mon invité à l'émission *The Hour of Power*. Monsieur Cathy est fondateur et président d'une très prospère chaîne d'établissements de restauration rapide appelés Chick-Fil-A. Au cours de l'émission, il m'a raconté comment il avait lancé son entreprise.

«Aux débuts de la chaîne Chick-Fil-A, nous étions impatients d'annoncer notre produit. Un jour, j'ai eu une idée. Il y avait en ville deux journaux concurrents dont les directeurs ne s'adressaient jamais la parole. Tout le monde étant au courant de leur différend, j'ai invité les deux hommes à me rencontrer. J'ai demandé à chacun de venir discuter avec moi de la possibilité d'acheter une pleine page de publicité. Aucun des deux ne savait que j'avais appelé son concurrent. À leur arrivée, ils se sont retrouvés face à face, et ils ont compris que quelque chose se tramait.

Je leur ai dit: «Si vous voulez faire quelque chose pour moi, j'achèterai à chacun de vous une pleine page de publicité. Je veux simplement que vous vous assoyiez là-bas, à cette table, et que vous mangiez un sandwich au poulet ensemble. À la fin, vous vous serrerez la main. Nous y ajouterons les mots: «Nous comptons beaucoup de désaccords, mais il y a une chose sur laquelle nous nous entendons: C'est le meilleur sandwich au poulet que nous ayons jamais mangé!»

«Heureux les artisans de paix». Bien sûr, dans l'anecdote de S. Truett Cathy, les deux éditeurs n'ont fait que parler de paix! Ce que nous voulons apprendre aujourd'hui, c'est à faire vraiment la paix, comme ce groupe de jeunes gens que j'ai rencontrés à Squaw Valley, en Californie.

Dans ce bel hôtel de montagne recouvert de neige, j'ai rencontré le plus merveilleux groupe de pacificateurs qui soient, même en tenant compte des spécialistes de Washington, D.C., et des autres spécialistes du monde. Il ne s'agissait pas d'une rencontre au sommet portant sur la paix dans le monde, constituée de délégués de nombreux pays. Il s'agissait de jeunes gens, de centaines de jeunes rassemblés à l'occasion du 12e championnat annuel national de ski pour handicapés. Ils avaient choisi Squaw Valley comme site de leur compétition parce que c'est dans cette ville, en 1960, que s'étaient déroulés les Jeux olympiques d'hiver.

J'avais soigneusement planifié ma semaine pour y inclure un voyage aux championnats nationaux pour handicapés, parce que Carol, ma fille, y participait. Comme je l'ai mentionné dans un chapitre antérieur, Carol a perdu une jambe dans un accident de moto il y a quelques années. Peu après, elle a entendu parler du programme de ski pour handicapés, et elle a décidé d'y participer. Elle s'est entraînée intensément en vue des 12 concours régionaux des États-Unis. Tous les participants doivent se qualifier pour les concours régionaux avant de pouvoir participer aux compétitions nationales.

J'étais particulièrement impatient d'assister aux compétitions, car je n'avais jamais vu skier Carol. Elle devait participer à sa première course le jeudi, et je devais prononcer une allocution le mercredi à Louisville, à l'occasion du Southern Baptist Convention, alors j'avais prévu prendre l'avion, de Louisville à Squaw Valley, et d'arriver à temps pour la première course le jeudi. Cependant, lorsque la météo annonça qu'une tempête était imminente, on décida de tenir la première course le mercredi, et je la ratai. J'étais terriblement déçu, surtout parce que Carol avait remporté la médaille d'or en descente chez les juniors. J'étais très fier d'elle.

Les secondes courses ont eu lieu le vendredi, et ma femme et moi y avons assisté. Jamais je n'avais vu tant d'unijambistes réunis dans un même lieu de toute ma vie! Il y avait même des gens qui avaient été amputés de trois membres, à qui il manquait les deux jambes et un bras. Et il y avait aussi des courses pour aveugles, avec un slalom géant. Le parcours de tous les compétiteurs est aussi long que celui des skieurs olympiques. Il n'y a aucun favoritisme, sous prétexte que ces gens sont handicapés. Il y a 47 portes autour desquelles ils doivent manœuvrer en descendant cette pente abrupte de 1,61 km de longueur.

Le vendredi, les aveugles ont été les premiers à skier. Jamais je n'avais vu une telle course auparavant. Les compétiteurs sont suivis ou précédés d'une personne qui voit, et qui leur dit: «Tourne à droite. Maintenant à gauche. Maintenant droit devant. Vite, vite, à droite!» C'est ainsi qu'ils skient et qu'ils courent. C'est un spectacle étonnant!

Il y a ensuite les gens à qui il manque une jambe, comme ma fille. Ces gens skient sans prothèse, chaussés d'un ski et s'aidant de bâtons dont les extrémités sont constitués de skis de petites dimensions.

Il y a aussi les skieurs qui sont amputés sous le genou, dont le genou fonctionne parfaitement et qui skient avec leur prothèse comme des skieurs qui ont leurs deux jambes. L'un de ces skieurs eut une drôle d'aventure, que Carol nous raconta par la suite. «Lors de la course, un des skieurs a fait une chute et sa jambe s'est détachée, sous le genou. Cette jambe et ce ski ont continué la descente et ont croisé le fil d'arrivée. Les juges ne savaient pas s'ils devaient ou non déclarer cette jambe gagnante!» Ces gens ont un fantastique sens de l'humour! Ce sont de grands pacificateurs.

FAITES LA PAIX AVEC VOUS-MÊME

Pourquoi dis-je des gens que j'ai rencontrés à Squaw Valley qu'ils sont des pacificateurs?

Lorsque j'étais petit garçon, Adolf Hitler commençait à envahir l'Europe, et les gens parlaient de la possibilité d'une guerre. Je me souviens d'avoir demandé à mon père, un homme simple et sans éducation: «Papa, qu'est-ce qui cause les guerres?»

Jamais je n'ai oublié sa réponse. Il a dit: «Eh bien, une personne se fâche contre une autre, ou contre elle-même, ou même contre Dieu. Elle se venge auprès d'autres personnes. Une bagarre se produit. Les amis s'en mêlent, et bientôt tout le monde se bat».

Il y a beaucoup de sagesse en cela. Des années plus tard, lorsque j'ai eu l'occasion d'étudier la psychologie et d'autres disciplines avancées que mon père n'avait jamais connues, j'ai compris à quel point il avait eu raison. La plupart des guerres commencent effectivement parce qu'une personne est en colère contre une autre, et souvent, cette personne en colère en est une qui refuse de s'accepter ou d'accepter sa situation. Lorsque l'on ne peut pas vivre avec soi-même, on projette vers les autres sa tension intérieure!

Les athlètes que j'ai rencontrés à Squaw Valley sont des pacificateurs parce qu'ils ont fait la paix avec eux-mêmes et avec Dieu. Je parle de gens qui ont perdu des jambes, des bras, la vue, leur mobilité. Ils ont bien des raisons d'être amers et d'en vouloir au monde entier, mais tel n'est pas le cas. Ils regardent dans le miroir, ils se voient tels qu'ils sont et ils l'acceptent. Il n'accusent ni Dieu ni personne. Ils ne blâment personne; ils s'attaquent au problème.

Je ne puis penser à beaucoup de gens qui m'ont inspiré davantage, pour ce qui est de régler leur problème, que Jeff Keith. Vous avez peut-être déjà vu ce jeune homme, qui a perdu une jambe à cause du cancer. Les médias ont parlé de sa phénoménale réussite lorsqu'il a terminé sa traversée historique des États-Unis pour le compte de la Société américaine du cancer. Il lui a fallu environ 240 jours, 36 paires de chaussures et trois prothèses, mais il a réussi!

J'étais aux côtés de Jeff lorsqu'il a pris le départ à Fennell Hall, à Boston, au Massachusetts. Nous avons tous deux pris la parole à l'occasion d'un déjeuner de prière. Teddy Kennedy junior, également amputé, a aussi pris la parole. J'ai été très impressionné par le message de Jeff. Il a dit: «Il y a des gens qui veulent transporter des montagnes. Je l'ai déjà fait. Maintenant, tout ce que je veux faire, c'est transporter un pays, inspirer les gens et les convaincre qu'ils peuvent aussi surmonter leurs problèmes!» Voilà un véritable pacificateur, car en persuadant les gens de surmonter leurs problèmes, il met un terme à la guerre qui fait rage dans les profondeurs secrètes de l'âme blessée.

Tout au long de son trajet de 5 000 km, Jeff s'est arrêté dans plusieurs hôpitaux pour rendre visite à des cancéreux déprimés et découragés. D'innombrables hommes et femmes, obsédés par leur perte, ont été inspirés par Jeff. Plusieurs ont quitté leur lit pour la première fois depuis leur opération chirurgicale.

Mais les victimes du cancer n'ont pas été les seules personnes que Jeff a aidées. Il s'est aussi arrêté pour rendre visite aux détenus de Sing Sing. Cellule après cellule, ce jeune homme séduisant, à la jambe artificielle, a parlé à chacun des détenus. Et ces criminels endurcis ont été si impressionnés qu'ils ont organisé un dîner-bénéfice au sein de la prison, dont tous les profits ont été versés à la Société américaine du cancer.

Je pourrais continuer longtemps à parler de Jeff. Il transforme son univers pour le mieux. Il règle le problème. Il est un véritable artisan de paix.

L'AMOUR RÈGLE LES PROBLÈMES

Les artisans de paix. Ils sont en paix avec eux-mêmes, et peuvent ainsi vivre en paix avec leurs semblables. Mais comme je l'ai déjà dit, il n'est pas toujours facile de faire la paix. Il y a des moments où nos propres conflits intérieurs et nos insécurités nous empêchent de «réparer les brèches et de restaurer les demeures».

Dans de tels moments, qu'est-ce qui peut nous aider? Le pouvoir réparateur de l'amour.

Le légendaire chanteur Burl Ives est un homme heureux, un artisan de paix. Son secret? Son grand cœur débordant d'amour. En effet, il fait partie du comité présidentiel des personnes handicapées. Pourtant, à une certaine époque, il trouvait les personnes handicapées d'un abord difficile. Et puis, il y a quatre ans environ, il lui est arrivé quelque chose de très intéressant qui a complètement transformé son attitude. Un soir, pendant que nous mangions à sa maison de Santa Barbara, Burl m'a donné l'explication suivante:

«Bien que j'aie travaillé pendant de très nombreuses années à Washington auprès des handicapés, chaque fois que je voyais une victime de paralysie cérébrale ou un aveugle sur le trottoir, j'avoue, et j'ai honte de l'admettre que je m'efforçais de l'éviter. Je craignais les rencontres face à face avec les handicapés. Je voulais bien chanter pour eux et les divertir, mais je m'arrangeais pour éviter les rencontres.

«Mais un jour, alors que je marchais sur les quais de Santa Barbara, j'ai aperçu, à une certaine distance, un groupe d'enfants accompagnés d'un professeur.

«Je poursuivais ma marche lorsque soudain un des petits garçons quitta son groupe et courut à moi. Il passa les bras autour de mes genoux, comme pour m'embrasser. J'étais là avec ce petit garçon, qui était de toute évidence agité de spasmes musculaires, et nous étions face à face. Je me suis agenouillé et j'ai vu au fond du petit garçon. J'ai vu ses yeux et son âme, et j'y ai vu de l'amour — de l'amour pour moi. Cela a exercé un puissant impact sur moi. Depuis ce jour, je ne traverse plus la rue pour éviter les personnes handicapées.

Qu'est-ce qui empêchait Burl Ives de faire la paix avec les personnes handicapées? Il avait peur d'eux. Et comme le disait Gerald Jampolsky: «Le contraire de l'amour n'est pas la haine. Le contraire de l'amour est la peur». Alors le contraire de la paix va plus loin que le simple conflit; le contraire de la paix est l'insécurité.

Burl Ives craignait de ne pouvoir faire face à ces enfants handicapés ou à ses sentiments à leur égard, ce qui l'empêchait d'être un artisan de paix. Et pourtant, il a découvert, grâce à l'amour d'un enfant, qu'il n'y avait rien à craindre.

Si nous voulons faire la paix en ce monde, nous devons bien comprendre de quoi il est question. Il ne s'agit pas de l'amour par opposition à la haine, ou de la guerre par opposition à la paix. Il s'agit de l'amour face à la crainte et à l'insécurité.

Willard Scott, humoriste et météorologue au *Today Show* de la NBC, Ronald McDonald et Bozo le clown original, représente une illustration vivante de ce qu'est le bonheur. Il dit: «Lorsque j'étais clown, j'ai découvert que tout le monde aime un clown, quel qu'il soit. Que vous soyez démocrate ou républicain, catholique, protestant ou juif, cela importe peu si vous êtes un clown. J'ai alors compris que d'être un clown, c'est vivre sans étiquette. Il n'y a aucune idée préconçue concernant un clown, ce qu'il pense ou qui il fréquente.

«J'ai découvert que je pouvais être une sorte de pasteur à la télévision en m'efforçant simple-

«Dieu vous aime...

et moi aussi»

recommandation

pour faire la paix

ment de formuler des pensées positives. Petit garçon, je fréquentais une église baptiste du sud, et je me souviens de notre vieux pasteur, le docteur Campbell. Ce que j'aimais le plus à son sujet, c'est qu'il irradiait l'amour. Ses sermons étaient parfois bons, parfois moins bons. Mais on pouvait toujours compter sur lui lorsqu'on avait besoin de quelqu'un. Lorsque quelqu'un mourait ou tombait malade, le docteur Campbell était toujours là.

Et je me souviens qu'à l'époque où j'avais quatre ou cinq ans, après les cérémonies religieuses tous les enfants sortaient de l'église. Le docteur Campbell mesurait 1,95 m; c'était un homme de haute taille. Il nous prenait, nous, petits enfants, dans ses bras, nous serrait et nous aimait. Je crois que ce genre d'amour et de considération a eu une énorme influence dans ma vie, tout comme mon père et ma mère, qui m'adoraient et m'aimaient, et m'ont toujours tout donné. Je crois que, quels que soient nos problèmes, nous pouvons nous aimer les uns les autres. Nous pouvons partager notre vie. Nous pouvons nous donner un monde meilleur en étant positifs, et c'est ce que je tente de faire».

UN CHANT DE PAIX

Vous dites peut-être: «Cela n'est pas possible à l'échelle internationale». Mais laissez-moi vous raconter une histoire vécue, celle de Roland Hayes.

Les plus jeunes d'entre vous ne savent peut-être pas qu'il a été l'une des grandes voix du vingtième siècle; il était un soliste fantastique. Et tout était contre lui. Il a déjà dit: «Ma mère est la personne qui m'a enseigné à penser positivement, et je lui dois toute ma réussite».

Roland Hayes faisait partie d'une famille de trois enfants de race noire vivant dans une plantation de coton de 15 acres dans le Tennessee. Lorsqu'il avait cinq ans, son père est mort écrasé sous une branche alors qu'il émondait un arbre. La mère a fait de son mieux pour élever ses trois garçons sur la petite ferme. Un jour, elle les a réunis et leur a dit: «Les garçons, vous devez vous instruire. J'ai une idée. Nous allons prendre le chariot, nous rendre à Chattanooga, trouver du travail et voir à ce que vous puissiez faire des études».

Le lendemain, ils ont attelé leur unique cheval au chariot et la mère y est montée. Les trois enfants ont dû franchir pieds nus les 100 km les séparant de Chattanooga, au Tennessee.

Alors que la famille vivait à Chattanooga, ils chantaient dans le chœur d'une église locale. Un jour, le directeur du chœur, monsieur Calhoun, leur fit écouter un enregistrement de Enrico Caruso et de Helen Melba, deux des grands chanteurs de l'époque. Roland Hayes a été si ému par la musique qu'il a dit: «Je crois que Dieu me destine à chanter un message de paix et de fraternité à travers le monde». Fort de cette idée, il a trouvé du travail et s'est inscrit à l'université Fisk.

En voyageant avec le chœur de l'université quelques années plus tard à Boston, Roland a répondu à une impulsion soudaine, qu'il a toujours attribuée à Dieu: abandonner ses études et essayer de s'établir à Boston. Ces paroles de sa mère lui revenaient constamment en mémoire: «Roland, tu peux réussir si tu crois le pouvoir et si tu donnes ta vie à Dieu». Il trouva un emploi de portier d'hôtel, à 7 $/semaine, fit venir sa mère à Boston et loua un petit appartement qui lui coûtait presque la totalité de son salaire. Il se servait de boîtes d'oranges comme mobilier.

Roland se disait qu'il ne ferait rien qui vaille à moins de se faire connaître, alors il décida de donner un concert, à ses frais, dans le plus grand et le meilleur endroit disponible: l'auditorium de Boston.

Comme il le disait, plusieurs années plus tard: «J'ai découvert que personne ne ferait jamais rien pour moi à moins que je prenne des risques et que j'essaie de m'aider». Il tenta de trouver des producteurs, mais tout le monde refusa: il n'était pas connu. Il se mit à réfléchir et à prier.

Soudain, il eut une idée brillante. Il écrivit une lettre qu'il expédia aux gens les plus riches de Boston. Il s'y présentait comme étant Roland Hayes, l'un des plus grands chanteurs de demain, et les invitait à son premier concert public aux États-Unis à une date précise, au prix de 1,50 $.

L'impossible se produisit. Roland Hayes vendit à lui seul toutes les places de l'auditorium. Le concert fut un grand succès. Il en tira 2 000 $. De plus, une personne de l'auditoire qui habitait Santa Monica en Californie, l'invita à donner un concert sur la côte Ouest, ce qu'il accepta avec empressement.

Après son concert de Santa Monica, un critique de musique aborda le jeune chanteur et lui dit: «Monsieur Hayes, lorsque vous avez chanté, vous m'avez ému, comme le font tous les grands solistes. Mais vous aviez quelque chose de plus, et je n'arrive pas à dire ce que c'est».

Ce soir-là, à son hôtel, Roland pensait sans arrêt à la remarque de l'homme. Qu'avait-il que les autres n'avaient pas? Pouvait-il s'agir de son sang? Il se rappelait ces paroles de son vieil oncle alors qu'ils cueillaient le coton: «Roland, ton père et moi venons d'Afrique, et nous sommes d'une lignée de chefs. N'oublie jamais cela. Du sang de chef coule dans tes veines». (Il faut avoir une bonne image de soi et une bonne estime de soi pour être un artisan de paix).

Alors qu'il priait ce soir-là à Santa Monica, Roland Hayes eut une révélation: «Il quitterait les États-Unis et se rendrait en Afrique de l'Est pour essayer de retrouver sa tribu d'origine et découvrir ce qui le rendait unique. Il consacra ce qu'il lui restait du concert de Boston à un voyage à Londres, en Angleterre, d'où il comptait gagner l'Afrique. Cependant, il se retrouva à court d'argent en Angleterre.

Un ami du pasteur de la Chapelle royale lui demanda: «Roland, que dirais-tu de chanter pour mon ami le pasteur dimanche prochain?»

Roland accepta tout de suite. Dans la Chapelle royale ce dimanche-là, il chanta «And He Never Spoke a Mumbling Word».

Trois jours plus tard, Roland reçut un appel téléphonique d'un ami qui lui demanda: «Es-tu au courant de la nouvelle?

— Non. De quoi s'agit-il?

— Eh bien, tu as chanté dans la Chapelle royale dimanche dernier, et tu sais qui s'y trouvait?» Roland demeura silencieux. «Le roi et la reine d'Angleterre! Et ils t'invitent à chanter au palais de Buckingham».

Roland ne pouvait en croire ses oreilles. Deux jours plus tard, il chantait pour le roi et la reine, et dans l'auditoire se trouvaient Enrico Caruso et Helen Mitchell Melba, dont les enregistrements l'avaient poussé à entreprendre une carrière de chanteur.

Roland Hayes devint célèbre du jour au lendemain. L'année 1924 s'annonçait merveilleuse pour lui. Il prévoyait même donner un concert au Beethoven Concert Hall de Berlin. Ce concert allait sans l'ombre d'un doute le consacrer comme chanteur soliste dans l'ensemble de l'Europe. En route vers l'Allemagne, Roland fit un arrêt à Prague. On le convoqua au bureau du consul des États-Unis. «Monsieur Hayes», lui dit le consul, «j'ai de mauvaises nouvelles pour vous. Vous allez devoir annuler votre concert en Allemagne. Les Français ont pris la Rhénanie, et ils l'occupent à l'aide de troupes de Noirs venus de l'Amérique. Les Allemands sont furieux. Aucune personne de race noire ne pourra chanter en Allemagne par les temps qui courent.

— Merci de m'avoir mis au courant, monsieur le consul», dit Roland. «Je prierai certainement à ce sujet». Les jours passèrent, et il ne pouvait se résoudre à annuler le concert.

Le soir du concert, Roland et son accompagnateur noir se rendirent à l'auditorium sans attirer l'attention et y entrèrent par une porte dérobée. Une fois à l'intérieur, ils jetèrent un coup d'œil discret et s'aperçurent que la salle était bondée. Roland se rendit compte alors que son cas était désormais controversé à l'échelle internationale.

Au lever du rideau, Roland Hayes se tenait devant le petit piano de concert, son pianiste assis près de lui, au clavier. Il replia doucement les mains, leva les yeux au ciel et fit une prière à Dieu: «Mon Dieu, faites de moi le porte-voix du Tout-Puissant».

Alors qu'il priait en silence, des sifflements se firent entendre, puis des piétinements et des huées. Quelqu'un cria: «Ne ternissez pas le Beethoven Concert Hall avec des chants de plantation à propos d'hommes noirs d'Amérique».

La haine semblait s'être emparée de l'auditoire. Son pianiste dit: «Monsieur Hayes, nous ferions mieux de quitter les lieux».

On se mit à lancer sur scène des objets qui faillirent atteindre le chanteur. Se rappelant par la suite l'incident, Roland Hayes disait: «J'étais là, les mains jointes, demandant: «Mon Dieu, que vais-je faire?»

Une brillante idée lui vint. Il dit à l'accompagnateur, sans détourner les yeux de l'auditoire: «Commençons par «This Is My Peace» de Beethoven». L'accompagnateur trouva la partition de cette première pièce suggérée par Dieu, et lentement, doucement, ses doigts se mirent à courir sur le clavier. Un murmure étonné parcourut la salle, le public allemand entendant soudain la musique de son compositeur favori, Beethoven.

Roland Hayes ouvrit la bouche et se mit à chanter «This Is My Peace». Sa puissante voix emplit l'auditorium, et l'auditoire se tut. À la fin de la pièce, l'auditoire tout entier était attentif. Il chanta ensuite plusieurs pièces classiques et conclut le concert par des «negro-spirituals ou gospels», chants issus des plantations. À la fin du concert, des membres de l'auditoire sautèrent sur scène, hissèrent Roland sur leurs épaules et le portèrent en triomphe autour de l'auditorium. Il fut le héros du continent et contribua au règlement du conflit opposant la France et l'Allemagne.

LE PRINCE DE LA PAIX

«Heureux les artisans de paix, car ils seront appelés fils de Dieu».

Qui sont les artisans de paix? Ce ne sont pas nécessairement les gens qui parlent constamment de paix. Les artisans de paix sont les gens qui font quelque chose, créent quelque chose, construisent quelque chose, des ponts surtout!

Les artisans de paix sont peut-être des gens qui, comme vous et moi, à leur propre manière, s'efforcent d'amener Jésus-Christ dans le cœur des hommes.

Voulez-vous la paix au sein de votre famille? Voulez-vous la paix au sein de votre collectivité? Voulez-vous faire la paix avec les autres races et les autres cultures? Il n'y aura de paix nulle part tant que la guerre fera rage dans votre cœur et dans votre âme.

Alors comment pouvez-vous faire la paix avec vous-même? En faisant la connaissance du plus grand artisan de paix de tous les temps, Jésus-Christ. On l'a appelé «le Prince de la paix». Il a vécu, Il est mort un jour que nous appelons le vendredi saint, et il est ressuscité à Pâques. Il est vivant aujourd'hui. Il est mon ami personnel le plus intime.

«Heureux les artisans de paix, car ils seront appelés fils de Dieu». Vous pouvez être artisan de paix une fois que vous avez mis de l'ordre dans votre vie, que vous vous êtes fait un ami de Jésus. Lorsque Jésus est votre ami, vous avez une image positive de vous-même. Vous axez votre pensée sur les possibilités et vous vous mettez à dire: «Je puis tout faire parce que je suis quelqu'un. Je suis un ami de Jésus-Christ».

C'est un mode de vie fantastique. Et c'est pourquoi la plupart des chrétiens sont des gens détendus. Ils ne portent pas sur leurs épaules toutes sortes d'émotions négatives se manifestant sous forme d'anxiété, de crainte, de tension ou d'insécurité. Ce ne sont pas des gens colériques qui se sentent victimes des injustices de ce monde.

J'ai fait un voyage en Chine, il y a quelques années, et mon fils a servi de guide à des gens qui avaient été invités à faire partie de cette mission. Un soir, à Shanghai, j'ai frappé à la porte de mon fils. Il était plutôt tard, mais Bob n'était pas dans sa chambre. Quelqu'un me dit: «Il est allé faire une promenade».

Je sortis immédiatement pour essayer de le trouver. J'aperçus une foule, fort importante, rassemblée sur un pont. Je m'approchai discrètement de ce groupe de Chinois et je vis, au milieu d'eux, un Américain de 1,93 m. C'était mon fils. Bob discutait avec deux des leaders de cette foule. Je me rendis compte qu'il prenait avec véhémence la défense du Christ.

Craignant de déranger ces gens, je rentrai discrètement à l'hôtel. Par la suite, ce soir-là, il me raconta ce qui était arrivé. Alors qu'il se trouvait sur le pont (et, plus important encore, il était sur le point d'en construire un), deux brillants et jeunes étudiants l'avaient abordé. C'était des universitaires qui parlaient anglais.

«Qui êtes-vous?» demandèrent les étudiants à mon fils. «D'où venez-vous? Que faites-vous ici?»

Bob leur dit: «Je suis un chrétien. Avez-vous déjà entendu parler de Jésus-Christ?»

Ils lui demandèrent: «Qu'est-ce qu'un chrétien? Qui est Jésus-Christ?»

Il leur répondit et énonça quelques vérités spirituelles fondamentales. Il expliqua que le christianisme enseigne que Dieu veut que nous soyons tous d'excellentes personnes. Nous avons tous nos péchés, nos tensions intérieures: c'est une loi de la vie. Nous avons tous besoin d'être sauvés. Puis il dit: «Jésus est venu pour nous sauver».

Il leur demanda s'ils voulaient se faire un ami de Jésus. À son grand étonnement, ils répondirent par l'affirmative.

Alors Bob pria avec eux. Là, sur ce pont de Shanghai, Bob et les jeunes étudiants chinois prièrent ensemble. Bob leur parla de la Bible et, à leur demande, leur fit parvenir des exemplaires de la Bible et continua à correspondre avec eux.

Ce que Bob faisait, c'était une forme spéciale de pacification.

Oui, nous pouvons tous être des artisans de paix, où que nous soyons. Vous pouvez ressentir une tension intérieure, dans votre famille ou votre milieu de travail. Mais vous pouvez résoudre cette tension si vous faites de votre mieux. S'attaquer à un problème de tension, c'est comme s'attaquer à tout autre problème. Vous pouvez faire la paix de la même façon que vous réglez tous vos autres problèmes. Les gens qui finissent par obtenir ce qu'ils recherchent sont ceux qui donnent tout ce qu'ils ont.

Permettez-moi de vous faire part de l'une des plus grandes sources d'inspiration que j'aie jamais vues. Cela s'est passé sur les pentes de Squaw Valley. Le nom de la skieuse handicapée était Kim Caulfield. Elle avait environ 18 ans et était aveugle. On la guidait lors du slalom géant. Elle franchit 44 portes et se retrouva face à la ligne d'arrivée. Derrière elle, son guide lui dit: «Droit devant, Kim; vas-y!»

Kim accéléra et allait très bien lorsqu'elle heurta une bosse. Elle perdit ses bâtons. Elle tomba à plat ventre. Elle savait qu'elle devait franchir la ligne d'arrivée, sans quoi elle allait être disqualifiée. Elle avait l'air épuisée, mais elle ne s'arrêta pas. Elle essaya de retrouver ses bâtons, mais n'y parvenant pas, elle se mit à «nager» dans la neige, droit devant elle, jusqu'à la ligne d'arrivée.

«Kim, tu as réussi!» lui dit le juge. Mais elle ne l'entendit pas. Elle continua à nager sur le ventre pendant 1,52 m, 3,05 m et même 4,57 m de plus.

Le juge continuait à crier: «Tu as réussi, Kim; tu peux t'arrêter!» Elle n'entendait toujours pas. Soudain, une seconde voix, puis une troisième, et enfin tous les spectateurs se mirent à crier: «Tu as réussi, Kim!»

Kim s'arrêta, toujours étendue sur le ventre. Puis elle entendit les applaudissements. Elle se leva et se mit à danser de joie.

Vous pouvez aussi réussir! Vous pouvez être un artisan de paix si vous choisissez de croire en vous et en Jésus.

HUITIÈME ATTITUDE POUR ÊTRE HEUREUX

«Je peux choisir d'être heureux, quoi qu'il arrive!»

«Heureux les persécutés pour la justice,
car le Royaume des Cieux est à eux».

(Matthieu 5,10)

La dernière attitude pour être heureux. La leçon finale. Jésus garde pour la fin le plus difficile de ses enseignements. Seuls les gens qui sont passés au travers toutes les leçons antérieures peuvent être admis à cette leçon finale: «Heureux les persécutés pour la justice».

COMMENT ÊTRE HEUREUX

La première attitude pour être heureux était: «J'ai besoin d'aide, je ne peux y arriver seul!» Pour être vraiment heureux, je dois apprendre à admettre mes faiblesses et à accepter l'aide et les conseils constructifs.

Deuxième attitude pour être heureux: «J'ai vraiment mal, mais je vais me remettre sur pied». Confronté à un échec ou à une perte, je dois me persuader que mon expérience me permettra de croître et d'aller de l'avant.

Troisième attitude pour être heureux: «Je vais rester détendu, calme et correct». Je dois faire preuve de stabilité et demeurer disposé à apprendre en toute situation avant de pouvoir éprouver une satisfaction véritable.

Quatrième attitude pour être heureux: «Je veux vraiment faire ce qu'il faut!» Je dois constamment viser l'intégrité, car l'honnêteté et la justice attirent les bons amis et les gens exceptionnels qui peuvent m'apporter leur aide. C'est là que réside le secret sensé d'une maîtrise saine et sûre de l'ego.

Cinquième attitude pour être heureux: «Je vais traiter les autres comme je voudrais être traité». J'aurai une attitude positive, me rappelant qu'il existe une loi du retour proportionnel. Alors, lorsque l'on abusera de ma confiance ou que l'on me maltraitera, je choisirai de pardonner, sachant que cela me sera rendu et que je serai béni.

Sixième attitude pour être heureux: «Je dois laisser la foi circuler librement en moi». Je dois constamment examiner mes motifs, mes méthodes et mes manières, et avoir suffisamment d'humilité pour savoir que je peux me tromper. Alors je conserverai en tout temps une attitude positive et méditative envers moi-même, de crainte de m'écarter de la bonne voie et de ne plus pouvoir la retrouver.

Septième attitude pour être heureux: «Je serai constructeur de ponts». Pour être vraiment heureux, je me rappellerai constamment qu'un ennemi peut devenir un ami précieux. Je m'efforcerai autant que possible de vivre dans le respect et l'harmonie et en paix avec tout le monde. Mais pour ce, je devrai d'abord faire la paix avec moi-même!

Cela nous amène à la huitième et dernière attitude pour être heureux: «Je peux choisir d'être heureux, quoi qu'il arrive!» Si, après avoir adopté toutes ces attitudes positives dans la mesure de mes possibilités, j'éprouve encore des difficultés dans mes rapports avec les autres aux plans personnel, social ou professionnel, je choisirai de croire que Dieu peut corriger la situation à sa manière et au moment propice. Je me satisferai de penser que mes difficultés, supportées en silence, avec patience et positivisme, pourront devenir des bénédictions.

LES MOTS AUSSI PEUVENT BLESSER!

Chacun de nous a été ou sera un jour victime de persécution. Pour quelques-uns, dans certains pays surtout, la persécution adopte la forme de la torture physique. Au cours des ans, les tiges de bambou sous les ongles, les brûlures de cigarettes, les chocs électriques, etc., ont été utilisés. Compte tenu du terrorisme qui sévit de nos jours, ce sujet est malheureusement d'actualité.

Et la persécution revêt plusieurs visages! Il est vrai que nous, qui habitons les pays libres, ne sommes pas constamment menacés de persécutions physiques en rapport avec nos convictions. Mais nous pouvons nous attendre à faire face, un jour ou l'autre, à du harcèlement, du snobisme, du rejet ou de la discrimination. La persécution émotionnelle qui s'en prend à l'estime de soi peut être extrêmement nuisible! Les insultes calculées et le mépris sont des armes qu'utilisent même les gens religieux contre leurs semblables.

Oui, la persécution se manifeste à divers niveaux dans la vie, et elle provient de sources diverses. Les gens qui nous appuient peuvent parfois nous trahir. (Judas était le trésorier du Christ).

La société peut parfois nous rejeter et se tourner contre nous.

Lorsque nous ne sommes pas à la hauteur de nos propres attentes, nous nous persécutons souvent nous-mêmes. Les regrets, la culpabilité et les remords peuvent torturer l'âme! Existe-t-il une forme de persécution plus répandue que celle que nous nous infligeons à nous-mêmes?

La persécution s'attaque autant à ceux qui réussissent qu'à ceux qui échouent! Celui qui réussit a aussi des ennemis, des gens qui le jalousent et s'efforcent de le «persécuter». De nos jours, l'excellence en prend pour son rhume. Les gens positifs ont toujours été persécutés. On a dit de Norman Vincent Peale: «Peale est effrayant, mais Paul est attrayant». C'est brillant, joli, mais très peu chrétien! Les gens négatifs persécutent les gens positifs. Les gens riches sont aussi persécutés par des gens méfiants et cyniques qui ne possèdent rien et présument que quiconque est riche doit nécessairement être une sorte d'escroc. Les gens dont la réussite est exceptionnelle éveillent souvent des soupçons; la persécution à ce niveau est très répandue dans notre société.

Les pressions exercées par nos semblables constituent parfois une puissante forme de persécution. À la vérité, aucun groupe social, aucune collectivité ethnique ou religieuse, aucun groupe d'âge n'est à l'abri des attaques, parfois évidentes mais parfois sournoises aussi, de la persécution. Les jeunes sont souvent amenés à consommer des drogues ou à adopter une conduite immorale parce qu'ils craignent les persécutions de leurs camarades d'études. Des pressions sociales aux niveaux secondaire, collégial et universitaire, sont souvent exercées sur les gens qui entretiennent de grands idéaux. La personne sérieuse suscite souvent les rires et l'ironie de son entourage. Les qualificatifs insultants, le ridicule et les étiquettes méprisantes deviennent les armes de la torture émotionnelle.

Vous sentez-vous persécuté? Alors, gardez le sourire! Vous pouvez choisir le bonheur, quoi qu'il arrive. Cette attitude pour être heureux vous est destinée. Oui! Vous aussi pouvez être heureux, même si vous êtes la victime innocente de véritables injustices, d'insultes, si vous êtes blessé, victime de discrimination ou d'oppression.

Comment pouvez-vous être heureux face à la persécution? Cette attitude pour être heureux est-elle vraiment applicable dans la réalité? Est-elle possible? Oh, oui! Je connais beaucoup de gens qui ont énormément souffert et qui ont survécu, non pas sans séquelles, mais en sont ressortis plus forts.

Suivez-moi et vous verrez ce qu'ils ont fait, et comment vous pouvez aussi transformer vos cicatrices en étoiles. Voici de quelle façon ces gens ont maîtrisé cette dernière attitude pour être heureux; voici à quoi ils doivent leur réussite.

1) Ils sont demeurés positifs! Ils ont adopté une attitude positive. Ils ont choisi de se réjouir malgré leur situation difficile.
2) Ils étaient préparés! Ils s'étaient dotés d'un système d'appui émotionnel et spirituel qui est devenu un bouclier invisible.
3) Ils ont persévéré dans ce qu'ils croyaient bien. Ils sont constamment allés de l'avant, et ne se sont pas laissés berner par les autres.
4) Ils ont pardonné à ceux qui leur avaient fait du mal! Ils ont pardonné aux gens qui les avaient persécutés.
5) Ils ont continué à mettre leur confiance en Dieu, même lorsqu'Il semblait loin d'eux! Ils se sont sans cesse rappelés que Dieu règne sur tout, qu'Il aura le dernier mot et que cela sera pour le mieux.
6) Ils ont prié pour mieux comprendre et être plus forts! Ils ont accepté l'aide que Dieu offre à ceux qui souffrent. Ils ont compris qu'ils n'étaient pas les seuls à avoir été per-

sécutés, alors ils ont résisté à la tentation du complexe de persécution et du syndrome du martyr.

7) Ils ont franchi avec succès toutes les phases que nous devons tous franchir lorsque la tragédie frappe!

DEMEUREZ POSITIFS

Le docteur Viktor Frankl, psychiatre éminent et auteur du célèbre ouvrage intitulé *Le Dieu inconscient, Découvrir un sens à sa vie avec la logothérapie,* est l'illustration vivante du bien-fondé de cette attitude pour être heureux.

Le docteur Frankl, qui est juif, a été prisonnier des nazis pendant la Deuxième Guerre mondiale. Sa femme, ses enfants et ses parents ont tous été tués au cours de l'holocauste.

La gestapo a fait dévêtir Viktor. Il était debout, entièrement nu. Mais on a remarqué qu'il portait encore son anneau nuptial. Alors qu'on le lui retirait, il s'est dit: «Vous pouvez prendre ma femme, vous pouvez prendre mes enfants, vous pouvez me retirer mes vêtements, mais il y a une chose que personne ne pourra jamais m'enlever, et c'est la liberté de choisir ma réaction à ce qui m'arrive!»

Cela marquait la naissance d'une idée dont il allait faire par la suite la «logothérapie», une forme de thérapie qui allait aider des milliers de personnes à faire face aux difficultés de la vie. Et cette leçon fondamentale portant sur les réactions positives demeure la pierre de touche de tout l'édifice de la pensée positive. Ma philosophie a été grandement influencée par les conférences du docteur Frankl, ses écrits et les rencontres privées que j'ai eues avec lui.

Nous sommes libres de choisir notre attitude dans toutes les situations, de conserver une attitude positive malgré le négativisme de notre situation. C'est une idée qui peut transformer la vie! Le docteur Smiley Blanton, un autre grand psychiatre, racontait un jour qu'il écoutait un patient déprimé. Après plusieurs sessions, il interrompit le malade et lui dit: «Si seulement..., voilà votre problème!» Puis il expliqua: «Vous répétez constamment ces mots: «Si seulement j'avais... Si seulement je n'avais pas..». Voici mon ordonnance: Effacez ces mots de votre vie! Remplacez-les par les mots «La prochaine fois..». Ne niez pas la réalité des fautes ou des péchés commis, mais apprenez à vous pardonner. Vous pouvez y arriver en affrontant vos terribles souvenirs avec une attitude positive, en vous disant: «La prochaine fois tout sera différent». Excellent conseil à donner à une victime d'autopersécution!

Voilà donc une attitude pour être heureux que nous pouvons tous utiliser:

«Heureux les persécutés pour la justice, car le Royaume des Cieux est à eux. Heureux êtes-vous si l'on vous insulte, si l'on vous persécute et si l'on vous calomnie de toutes manières à cause de moi». (Matthieu 5,10-11).

Jésus disait à peu près la même chose que Viktor Frankl: Vous pouvez choisir d'adopter une attitude positive face à la persécution. Et si vous le pouvez, vous finirez par gagner. Cette leçon quant à ce qu'il faut faire face à la persécution est une leçon que tout chrétien doit apprendre, car chacun devra un jour ou l'autre affirmer ses convictions et courir le risque d'être rejeté ou tourné en ridicule. Si nous apprenons bien cette leçon, nous pourrons tolérer d'être rejetés et notre estime de soi s'en trouvera fortifiée.

Voilà une attitude pour être heureux! Si nous n'adoptons pas une attitude positive, le rejet causera un grand tort à notre dignité. Et il est impossible d'être heureux pour qui n'a pas un grand respect de soi!

SOYEZ PRÉPARÉS

Nous commettons une grave erreur si nous présumons que nous ne serons jamais persécutés parce que nous vivons dans un pays libre. Chacun de nous risque fort probablement de faire face à une forme de persécution un jour ou l'autre. Et il est essentiel d'être armés spirituellement et de nous doter d'un équipement intérieur d'urgence avant que la crise ne se présente.

La plupart d'entre nous possèdent de l'équipement d'urgence à la maison et au bureau: une trousse de premiers soins, une lampe de poche, un extincteur d'incendie, et à tout le moins un numéro de téléphone permettant de demander du secours en cas d'urgence. Nous nous préparons à faire face aux urgences avant qu'elles ne frappent, car nous ne savons jamais à quel moment elles frapperont et quel tort elles nous causeront.

Tout comme nous devons nous munir d'équipement matériel pour nous préparer aux urgences, nous devons nous préparer spirituellement en prévision des temps de persécution. Il s'agit pour nous de consacrer du temps quotidiennement, ou, à tout le moins, hebdomadairement, à la prière positive, à l'étude positive de la Bible et à la fréquentation assidue d'une église où l'on prône la pensée positive. Nous devons saturer notre subconscient de versets positifs de la Bible, de chants religieux positifs et d'exemples de gens qui ont réussi à surmonter leurs difficultés sans que leur foi soit ébranlée.

Avant de pouvoir passer le test et d'apprendre à vivre notre foi chrétienne dans une société séculière où le péché sévit, il nous faut passer l'examen final: nous devons nous conditionner, spirituellement et psychologiquement, à faire face au ridicule, au rejet et à la persécution. Seuls les gens qui ont appris qu'ils doivent s'attendre à être persécutés et qui se sont préparés à conserver une attitude positive en prévision des difficultés et des tragédies sauront être de grands ambassadeurs de Jésus-Christ dans le monde.

Alors étudiez attentivement le reste de ce chapitre. C'est une trousse de premiers soins en prévision des difficultés inattendues. Vous y trouverez des versets positifs de la Bible, des chants religieux positifs et des exemples de gens qui ont triomphé en dépit d'intenses persécutions.

PERSÉVÉREZ DANS LE BIEN

De nos jours, les pressions sociales et morales de notre société pluraliste menacent plus que jamais le chrétien! Les tentations de s'assimiler aux personnes non religieuses qui nous entourent peuvent être terriblement intimidantes! La tentation d'adopter le système de valeurs d'une société séculière devient une forme funeste de persécution insidieuse. À mon lecteur chrétien, je fais cette mise en garde: Compromettez et abandonnez vos principes, et vous perdrez littéralement votre âme; vous serez une autre personne. Vous aurez perdu votre identité de personne distincte et indépendante.

Car en cédant, par crainte du ridicule, aux pressions qui vous poussent à être comme tout le monde, vous vous serez laissé assimiler par l'ensemble de la société. Joignez-vous à la meute des loups, et vous deviendrez un rouage de plus du genre humain. Vous ne serez plus rien! Personne! Oui, un «non-individu»! Un élément insignifiant de la masse! Car à chaque fois que vous laissez tomber un idéal qui vous est cher, une noble valeur ou un principe moral, une petite partie de vous meurt.

Alors dans ce cas, comment résister à la persécution sociale? Il était une fois un politicien qui faisait son travail de son mieux. Mais il était humain, commettait des erreurs, faisait l'objet de critiques, et les journalistes publiaient sans cesse des faits erronés à son sujet. Cela l'affectait à un point tel qu'il se rendit à la campagne visiter un fermier de ses amis. «Qu'est-ce que je vais faire», demanda le politicien en pleurant. «J'ai tellement fait d'efforts.

«Nul ne s'est efforcé plus que moi d'aider le plus de gens possible, et regarde toutes les critiques que l'on me fait!»

Mais le vieux fermier avait du mal à entendre les plaintes de son ami politicien persécuté, parce que son chien aboyait à la pleine lune. Il tentait d'arrêter le chien, mais celui-ci continuait à aboyer. Finalement le fermier dit au politicien: «Tu veux savoir comment faire face aux critiques injustes? Voici. Écoute ce chien. Maintenant, regarde cette lune. Et rappelle-toi que les gens s'acharneront toujours sur toi. Ils te mordront les talons et te critiqueront. Rappelle-toi simplement que le chien aboie constamment, mais la lune continue de luire!»

Laissez les gens vous persécuter, mais ne cessez pas de faire le bien. Pensez aux grands noms que sont sainte Jeanne d'Arc, Martin Luther King, Stephen, saint Paul. Ces noms nous rappellent la dernière et ultime attitude pour être heureux. Ces gens étaient vraiment bénis. En face même de la persécution, ils étaient bénis parce qu'ils ont fermement défendu leurs convictions. Ils ont persévéré dans le bien.

Comment ces grands hommes et femmes ont-ils été capables de continuer à «luire» malgré la persécution? Ils ont reçu le plus précieux de tous les dons, l'assurance que, quoi qu'il arrive, même la mort, rien ne peut nous isoler de l'amour de Dieu. «Oui, j'en ai l'assurance, ni mort ni vie, ni anges ni principautés, ni présent ni avenir, ni puissances, ni hauteur ni profondeur, ni aucune créature ne pourra nous séparer de l'amour de Dieu manifesté dans le Christ Jésus notre Seigneur (...) Mais en tout cela nous n'avons aucune peine à triompher par celui qui nous a aimés». (Romains 8,38-39,37).

Qu'est-ce que cela signifie pour nous? Qu'est-ce qui vaut mieux que d'être vainqueur? Qu'est-ce qui est mieux que de gagner? C'est de se faire un ami de son ennemi. C'est transformer un adversaire en un allié. Voilà qui est plus que de vaincre!

Jésus l'a fait. Lorsqu'il a été persécuté par le centurion, il ne lui a pas rendu ses injures et ne l'a pas menacé. Il l'a plutôt converti par sa miséricorde et son amour. Au moment où Jésus est mort, le centurion s'est exclamé: «Vraiment celui-ci était fils de Dieu!» (Matthieu 27,54)

Il y a quelque chose de plus noble que la victoire. Il y a quelque chose de plus gratifiant que la conquête. Peut-être ne le verrez-vous pas de votre vivant, mais soyez persuadé qu'en conservant une attitude positive face à la persécution et en persévérant dans le bien, vous serez béni.

PARDONNEZ À CEUX QUI VOUS ONT OFFENSÉ

«Pas facile», dites-vous. Et vous avez raison. L'une des choses les plus difficiles qui soient consiste à pardonner à une personne qui nous a fait du mal. Encore une fois, bénéficions de la leçon que nous donne Jésus pour ce qui est de réagir positivement à la persécution.

Lorsqu'il était en croix, privé de sa dignité, Jésus s'écria: «Mon père, pardonne-leur, car ils ne savent ce qu'ils font!»

Il est parfois humainement impossible de pardonner. Lorsque cela se produit, nous devons faire appel à l'intervention de Dieu. Demandons à Dieu de pardonner à ceux qui nous ont fait du mal et d'agir sur notre cœur afin de voir ce mal à partir du point de vue des autres.

Bien souvent, les gens qui font du mal à leurs semblables par leurs paroles ou leurs actes ne se rendent pas compte d'avoir fait du mal. Ils «ne savent pas ce qu'ils font».

Il arrive aussi que les gens sont incapables d'assumer les conséquences de leurs actes. «Ils ne savent pas ce qu'ils font», dans la mesure où ils sont si confus, si troublés et souffrent à ce

Si vous croyez
que votre vie
est un échec total,
rappelez-vous ceci:
Vos plus grands succès
demeureront à jamais
le secret de Dieu!

point d'insécurité qu'ils agissent sans réfléchir. Ils sont incapables de penser aux autres.

Vous a-t-on fait du mal? Supportez-vous encore cette douleur intérieurement? Vous est-il impossible de pardonner et d'oublier? Dans ce cas, commencez par reprendre la prière du Christ: «Père, pardonnez-leur car ils ne savent ce qu'ils font».

PERSISTEZ À METTRE VOTRE CONFIANCE EN DIEU

Lorsque nous souffrons, il est tentant de nous en prendre à tous ceux qui nous entourent, Dieu y compris. Et il est difficile de continuer à mettre notre confiance en Lui lorsque nous sommes rejetés ou ridiculisés. Mais si nous voulons être victorieux face à la persécution, il est essentiel de conserver notre confiance en Lui.

Des étudiants en littérature ont déjà dit du Livre de Job qu'il s'agissait de l'un des plus grands poèmes épiques jamais écrits. Mais c'est beaucoup plus qu'une merveilleuse œuvre littéraire. Job est le récit d'une confiance triomphante, car il est certain que nul n'a jamais été plus persécuté que Job.

«Qu'il me passe au creuset: or pur j'en sortirai!» (Job 23,10)

«Il peut me tuer: je n'ai d'autre espoir que de justifier devant lui ma conduite». (Job 13,15).

Ces deux phrases prononcées par Job après qu'il ait été victime de persécution attestent du fait qu'il a réussi à supporter sa persécution. Job manifeste une foi inébranlable, jamais démentie.

Examinons les épreuves de Job. Il était très riche. Il possédait 3 000 chameaux, ce qui est comparable à posséder quelques centaines de Rolls-Royce de nos jours. Il avait sept fils et trois filles. Sa renommée était mondiale. Il était ce que l'on pourrait qualifier d'extrêmement riche et extrêmement prospère. À l'âge de 39 ans, il avait réussi. Et par-dessus tout, il avait la réputation d'être un homme religieux.

Un jour, selon le Livre de Job, le diable apparut au Tout-Puissant et lui dit: «Alors, tu crois que Job est un homme d'une grande bonté? Laisse-moi te dire qu'il est facile d'avoir la foi lorsqu'on est riche à ce point. À la vérité, Job manifeste une foi souriante et heureuse parce qu'il a la vie facile. Il est riche. Mais s'il était pauvre et souffrant, nous verrions quelle foi est vraiment la sienne».

Dans ce poème épique, Dieu accepte que Job soit tenté par le diable. Le premier malheur qui lui arrive est la ruine financière. Il perd tous ses biens. Ensuite, sa maison s'écroule et tous ses enfants sont tués. Puis, dès qu'il n'a plus d'argent, Job perd ses amis opportunistes. Il a perdu son argent, sa famille et sa puissance; la collectivité ne l'écoute plus. Finalement, il se retrouve un jour assis dans la cendre, nu, et il dit: «Nu, je suis sorti du sein maternel, nu, j'y retournerai. Yahvé avait donné, Yahvé a repris: que le nom de Yahvé soit béni!» (Job 1,21).

Puis il ajoute ces mots édifiants: «Qu'il me passe au creuset: or pur j'en sortirai!» (Job 23,10). Il s'agit là de la foi que je décris dans le Credo du penseur axé sur la possibilité: «Confronté à une montagne, je n'abandonnerai pas! Je vais poursuivre mes efforts jusqu'à ce que je l'aie franchie, trouvé un passage, creusé un tunnel, ou jusqu'à ce que j'aie simplement transformé la montagne, avec l'aide de Dieu, en une mine d'or».

C'est le genre de foi dont il est question dans l'un de nos chants religieux:

«Oh, car une foi qui ne chancelle pas,
Malgré les attaques de toutes parts,
Qui ne trébuche pas
Devant les obstacles;
Une foi qui luit, claire et radieuse,
Lorsque les problèmes l'assaillent;
Une foi qui, dans les moments les plus noirs,
Ne connaît pas le doute»*.

Telle était la foi de Job. «Il peut me tuer: je n'ai d'autre espoir que de justifier devant lui ma conduite».

Cette foi est sensationnelle! Fantastique! Formidable! Et il est emballant de l'étudier en profondeur parce qu'elle soulève trois questions concernant la persécution.

La première est: «Comment les êtres humains réagissent-ils à la persécution?»

---

* William Bathurst.

La deuxième est: «Quelle est la nature de cette confiance dont Job faisait preuve».

Et la dernière question est: «Vous est-il possible d'acquérir cette même confiance positive de l'esprit?»

Examinez la première question: «Comment les êtres humains réagissent-ils à la persécution?» La réponse comporte trois parties:

(a) La réaction négative la plus répandue consiste simplement à abandonner et à accepter la défaite. Les gens qui réagissent ainsi manquent de courage.

(b) La deuxième réaction courante est également négative. Examinons les pécheurs. Qu'est-ce qu'un pécheur? Un pécheur est une personne qui choisit délibérément d'abandonner toute foi. Le pécheur est quelqu'un qui, de son propre chef, opte pour la réaction négative. Quel est l'ultime péché? C'est de choisir d'être cynique, de choisir de ne pas croire.

(c) Il y a donc ceux qui abandonnent par manque de courage, puis les pécheurs qui se mettent en colère contre Dieu et le monde entier, et enfin, les gens radieux, qui brillent comme de l'or!

C'était le cas de Job lorsqu'il a été mis à l'épreuve. Il rayonnait d'une foi radieuse.

Les gens qui réagissent de cette manière (la dernière) brillent de tous leurs feux dans le noir et semblent dire: «Regardez-moi! On peut me mettre à l'épreuve! Me persécuter! J'ai toujours confiance en Dieu». Le message qu'ils envoient au monde est que l'on peut mettre sa confiance en Dieu même lorsqu'Il reste silencieux. Ce qui est fascinant, c'est ceci: Plus la souffrance est profonde, plus le message de celui qui souffre est radieux.

La meilleure illustration de ce principe est quelque chose que j'ai vu alors que je survolais l'océan Pacifique. Je croyais avoir déjà vu tous les sillages que peut laisser derrière lui un bateau, grand ou petit. J'ai admiré le sillage de luxueux navires de croisière, et j'ai observé le joli sillage d'un canot sur une petite rivière du Canada. J'ai regardé mes enfants skier derrière un canot à moteur sur un lac de montagne au petit matin.

J'ai toujours éprouvé beaucoup de plaisir à observer les sillages longs ou courts, étroits ou larges. Mais en survolant l'océan, j'aperçus un sillage différent de tout ce que j'avais vu jusque-là. Je l'ai vu par le hublot d'un avion de ligne. J'ai d'abord cru que je voyais des récifs de coraux immergés, mais mon compagnon me dit: «On dirait le sillage d'un navire, mais il est trop large!»

En poursuivant notre vol, nous pouvions voir que le sillage devenait de plus en plus étroit. Et finalement, nous avons aperçu le navire. Qu'est-ce qui avait produit un sillage avec une telle dimension? Un porte-avions? Non. Ce n'é-

Les trois réactions
à la souffrance:

1. Il y a ceux
qui abandonnent
par manque de courage!

2. Il y a les pécheurs,
qui choisissent
de ne pas croire!

3. Il y a ceux
dont la foi est radieuse!

tait qu'une petite ligne élancée et noire dans l'eau, avec un périscope trouant la surface.

«C'est un sous-marin!» dis-je.

— Exact», répondit mon compagnon.

Il venait tout juste de faire surface. Et lorsqu'un sous-marin fait surface après avoir parcouru les profondeurs, il laisse un remarquable sillage.

Je vous le dis aujourd'hui: les gens qui connaissent les profondeurs de la souffrance laissent un large sillage s'ils choisissent (et il s'agit d'un choix) d'avoir confiance et de pardonner. En dépit de leurs souffrances, ils offrent au monde un formidable message d'espoir.

Quelles sont les réactions que vous pouvez choisir devant la souffrance? Vous pouvez abandonner, choisir de ne pas croire ou opter pour une foi radieuse!

Vous devez choisir de mettre votre confiance en Dieu, quoi qu'il arrive! Lorsque les souffrances sont horribles, la confiance et la miséricorde sont vos seules options positives. Tous les autres choix sont négatifs. N'abandonnez pas. Ne choisissez pas de ne pas croire. Ayez une foi radieuse!

La première question que j'ai posée et à laquelle j'ai déjà répondu est:

«Comment les gens réagissent-ils à la souffrance? La deuxième question est: «Qu'est-ce que la confiance, en réalité?» C'est plutôt simple:

La confiance est la conviction que Dieu est vivant quoi qu'il arrive!

Je l'ai déjà dit, mais il vaut la peine de le répéter. On a découvert, gravée dans le sous-sol d'une maison allemande, une étoile de David accompagnée de ces mots:

> «Je crois au soleil, même s'il ne brille pas.
> Je crois en l'amour, même si je ne le ressens pas.
> Je crois en Dieu, même si je ne L'entends pas».

Dieu est vivant. Même si vous ne l'entendez pas ou vous ne sentez pas sa présence, ne le rejetez pas.

La vérité de ce fait m'est apparue avec une puissance renouvelée lors d'un incident amusant qui m'est arrivé il y a plusieurs années. Cette semaine-là, je devais prononcer une conférence le mardi à l'université de Berkeley, et le mercredi j'étais l'invité des luthériens d'Arizona à l'occasion du 500e anniversaire de la naissance de Martin Luther. Je devais me rendre au Northwestern College en Iowa le jeudi et le vendredi à Johns Hopkins à Baltimore. Comme vous le voyez, c'était une semaine très remplie. Tout avait été soigneusement planifié. En ratant un seul vol d'avion, je m'exposais à de sérieux problèmes.

Tout baigna dans l'huile jusqu'à mon arrivée à Phœnix où je devais prendre un avion vers l'est. J'étais le premier arrivé au comptoir des bagages pour être certain de ne pas être en retard. Il y eut bientôt derrière moi une file de 30 ou 40 personnes avec tous leurs bagages, impatients de s'enregistrer. Il restait 30 minutes avant le départ de l'avion. Une femme se présenta pour nous servir. Elle semblait fatiguée. Voulant me montrer compréhensif, je lui dis: «On dirait que vous avez des problèmes».

Elle ne leva même pas les yeux. Elle se borna à grogner: «Si j'ai des problèmes! Je suppose que vous voulez enregistrer vos bagages sur ce vol à destination de Denver.

— Oui», répondis-je.

Elle dit: «Eh bien, je viens d'apprendre que ce vol sera annulé et je suppose que vous allez vouloir que je vous aide, ce que je suis obligée de faire, mais je ne sais pas ce que je vais faire!» Puis elle leva les yeux et dit: «Oh, docteur Schuller!» Puis elle me prit les deux mains et ajouta: «Dites une petite prière pour moi, j'ai des ennuis. Je ne sais pas ce que je vais faire. Laissez-moi interroger l'ordinateur».

Elle se mit à taper sur le clavier, puis elle s'arrêta et regarda l'écran cathodique. Une expression incrédule et agacée marquait ses traits. Paniquée, elle prit le téléphone. «Au secours, Ben! L'ordinateur ne fonctionne pas! Pas du tout! Je l'ai devant les yeux. Tu dis que nous avons un problème de réseau? Je ne veux pas le savoir. Fais quelque chose, je t'en supplie!»

Voici où je veux en venir: Il y a des gens qui se plaignent lorsque Dieu est silencieux et ils doutent de son existence. Cependant, ils ne cessent pas de croire à l'existence des ordinateurs lorsque l'un d'eux est silencieux à cause d'un problème d'alimentation. Ne cessez pas de croire en Dieu si vous ne l'entendez pas pour le moment.

Quelle était cette confiance dont Job faisait preuve? Job croyait Dieu toujours vivant, même lorsqu'Il semblait garder le silence malgré ses persécutions. Mais cette confiance comporte un autre élément: Dieu aura le dernier mot. Vos problèmes actuels ne dureront pas éternellement. Ce n'est qu'une phase de votre vie et non la fin de l'histoire.

Oral Roberts a traversé une horrible tragédie il y a quelques années lorsque son fils a été trouvé mort. Je lui ai envoyé un télégramme qui disait:

«Cher Oral, permettez-moi d'abord de vous citer ceci: *Dieu en connaît beaucoup plus long que nous à ce sujet*. Et maintenant, Oral, si je puis ajouter mon grain de sel: *Dieu aura le dernier mot et ce sera pour le mieux*!»

Ne blâmez pas Dieu. Ne vous montrez pas amer à son endroit. Même s'Il a permis que vous souffriez, Il n'a jamais provoqué vos souffrances. Il peut vous aider à en tirer quelque chose de merveilleux, à condition que vous vous rappeliez que Dieu n'en a pas encore fini avec vous. Sachez que Dieu aura le dernier mot, que cette souffrance que vous subissez ne marque pas la fin. C'est un passage, et non une impasse.

Quelle est la meilleure réaction possible à la persécution? La réponse est: La confiance est la seule réaction sensée.

Et quelle est cette confiance? Cette confiance porte sur le fait que Dieu est vivant, même s'Il garde le silence, que Dieu «reviendra en voie» et que cela sera pour le mieux.

Nous en arrivons maintenant à la troisième question: «Comment pouvons-nous mettre notre confiance en Dieu dans les moments difficiles?»

Permettez-moi de vous offrir deux pensées positives. La première pensée positive est celle-ci: Pouvez-vous faire confiance au banquier dont la fortune personnelle est entièrement déposée à sa banque. Bien sûr. Et il en est de même de Dieu. Dieu a beaucoup plus à perdre que nous. En fait, Job n'était pas le seul à être éprouvé. Dieu l'était aussi.

Chaque fois que vous souffrez, rappelez-vous que, si vous êtes éprouvé, il en est de même du Tout-Puissant. Il doit aussi en ressortir pur comme l'or. Son honneur est en jeu. Tout ce que vous risquez de perdre, c'est votre vie ou votre âme. Mais Dieu risque de perdre son honneur. Après tout, Il a fait des promesses. Son Verbe en est rempli.

Voici une seconde pensée positive à ne pas oublier dans les moments difficiles qui mettent

La pensée positive
peut transformer
la persécution en occasions

— De guérir

— De pardonner

— De compatir!

notre foi à l'épreuve. Qu'est-ce qui affermissait la foi de Job? C'était un homme droit et honorable. Si votre cœur est droit, votre foi brillera intensément. Vous pouvez Lui faire confiance si vous savez que vous avez fait de votre mieux.

PRIEZ POUR COMPRENDRE ET ÊTRE FORT

Persécuté? Confronté à d'énormes problèmes? Ne cherchez pas à vous venger. Ne rejetez pas l'aide que Dieu vous offre. Saisissez sa main secourable et agenouillez-vous dans la prière. Remerciez Dieu de l'aide qu'Il vous apporte et qu'Il continuera de vous apporter. Demandez-Lui de vous envoyer des gens qui peuvent vous aider. Demandez-Lui la force surnaturelle qui vous permettra de croire et de vous réjouir quoi qu'il arrive!

Plusieurs d'entre vous savent qui était Corrie ten Boom. Vous avez lu son livre ou vu le film de sa vie, *The Hiding Place.*

Corrie ten Boom a participé à la résistance aux Pays-Bas au cours de la Seconde Guerre mondiale. D'innombrables juifs, recherchés et traqués par la gestapo, se sont enfuis en passant par la maison de Corrie, où ils étaient cachés dans une pièce spécialement construite à cet effet. Corrie, sa sœur Betsy et son père ont caché de nombreux juifs qui sont vivants de nos jours, et qui auraient été tués dans les camps de concentration. Mais la gestapo a fini par démasquer les ten Boom, qui ont été condamnés à la prison et ont ainsi dû subir des mois de persécution.

J'ai été à ce point impressionné par l'histoire de Corrie que je lui ai téléphoné aux Pays-Bas, où elle vivait lorsque j'ai fait sa connaissance. Elle est venue et a prononcé une allocution dans notre église. Elle était âgée de 80 ans à l'époque. J'ai relu récemment son sermon inédit. Il mérite un auditoire plus important, et j'espère que ce livre le lui offrira. Le voici donc:

«J'ai un jour rencontré un parachutiste, et je lui ai demandé: «Lorsque vous avez sauté pour la première fois d'un avion, qu'avez-vous pensé?»

«Il m'a répondu: «Une seule chose: «Ça marche! Ça marche!»

«Je vais vous dire que ça marche lorsque vous choisissez Jésus. Certaines personnes pensent que ça ne marche pas et j'espère que nous les persuaderons que nous ne pouvons jamais trop mettre notre confiance dans le Seigneur. Le Seigneur a dit:

«Dans le monde vous aurez à souffrir. Mais gardez courage! J'ai vaincu le monde». (Jean 16,33)

«Il y a de nombreuses années, mon grand-père s'est mis à organiser des réunions de prières à l'intention des Juifs. Chaque semaine, ses amis et lui se réunissaient dans une vieille boutique d'horloger. Il priait alors pour la paix à Jérusalem et le salut des Juifs. Cela était si inhabituel que je me souviens encore de l'année où il a commencé: 1844. De nos jours, ce n'est plus inhabituel de voir des chrétiens prier pour les Juifs.

«Cent ans plus tard, dans la maison même où mon grand-père avait prié pour les Juifs, son fils (mon père), quatre des petits-enfants de mon grand-père et un arrière-petit-fils ont été arrêtés pour avoir sauvé des Juifs en Hollande durant la Seconde Guerre mondiale. Quatre d'entre eux sont morts en prison. J'ai survécu. Je ne comprends pas pourquoi, mais cela importe peu. Nous devons être prêts à souffrir.

«Je puis vous dire que jamais je ne me suis rendu compte à quel point Jésus était à mes côtés autant que pendant la période de mon internement dans un camp de concentration. Ravensbruck, au nord de Berlin, dans ce qui allait devenir l'Allemagne de l'Est, est très loin de mon pays, la Hollande. Les baraquements où nous vivions, ma sœur Betsy et moi, étaient situés à l'ombre de fours crématoires. On y brûlait environ 600 corps par jour. Lorsque je voyais la fumée s'élever, je me demandais: «Quand viendra mon tour d'être tuée?» Je ne savais pas que j'allais être libérée par un miracle de Dieu et une erreur humaine une semaine avant qu'on tue toutes les femmes de mon âge.

«J'ai vu la mort dans les yeux, et ce, à plus d'une reprise. Lorsqu'on voit la mort dans les yeux des gens, on s'éveille à la réalité. Quel bonheur que j'aie su que Jésus était à mes côtés, que j'aie su qu'Il était mort en croix pour les péchés du monde et les miens aussi. Je n'avais pas peur. Je savais que, lorsqu'ils me tueraient, j'irais au paradis. J'irais dans le monde des vivants. Quel bonheur! Je savais que le meilleur était encore à venir. Comment pouvons-nous savoir à quel point nous sommes forts et riches en Jésus-Christ et en sa présence? En observant la croix.

«À la croix, à la croix,
Où j'ai d'abord vu la lumière,
Et où j'ai été délesté du fardeau de mes péchés;
C'est là que, par la foi, j'ai trouvé la vue,
Et maintenant je suis heureux tout le jour.*»

«Souvent, dans ce terrible camp de concentration, nous devions demeurer nues; ils nous retiraient tous nos vêtements. J'ai subi cette épreuve à sept reprises. La première fois a été la pire; j'ai eu du mal à la supporter. Jamais je ne me suis sentie si malheureuse, si vulnérable, jamais je n'ai eu aussi froid. J'ai dit à Betsy: «Je ne peux pas supporter cela». Et soudain, c'est comme si j'avais vu Jésus sur la croix. La Bible nous dit qu'on l'avait dévêtu. Il était nu. Ma propre souffrance m'a permis de comprendre une fraction de la souffrance de Jésus et j'étais reconnaissante de ressentir ce qu'Il avait ressenti. «Un amour si étonnant, si divin, sollicite ma vie, mon âme, toute ma personne» (John New-

* Isaac Watts.

ton). Nous ne devons pas oublier que nous sommes les disciples d'un capitaine qui porte des cicatrices. Ne devrions-nous pas en porter aussi?

> «Sous ses ordres sans failles, nous suivons par les rues.
> Pour nous éviter d'oublier, Seigneur, quand nous te verrons,
> Montre-nous tes mains et tes pieds».

«Jésus était avec nous, avec Betsy et moi, au camp. Le matin, les présences étaient prises très tôt. Le chef de notre baraquement était si cruel qu'il nous faisait sortir une heure d'avance. Betsy et moi ne nous rendions pas à l'endroit où nous aurions dû rester debout pendant les heures que durait l'appel; nous marchions plutôt autour de la tente. Tout était noir. Le sol était noirci par le charbon. Les baraquements étaient peints en noir. La seule lumière dont nous disposions était celle des étoiles et de la lune. Mais Jésus était avec nous. Il nous parlait et marchait à nos côtés. Betsy disait quelque chose, puis Il répondait. Comment? Je n'en sais rien, mais nous comprenions toutes les deux ce que Jésus disait. Il y avait un peu de paradis au milieu de l'enfer.

«Je me rappelle cette fois où Betsy me réveilla au milieu de la nuit. «Corrie, Dieu m'a parlé. Lorsque nous serons libres, nous ne devrons faire qu'une chose. Nous devrons répandre sa parole dans le monde entier. Grâce aux expériences que nous aurons vécues, les gens nous écouteront. Nous pourrons leur dire que nous savons d'expérience que la lumière de Jésus est plus forte que l'obscurité la plus profonde. Lorsque nous connaîtrons des gens qui sont dans le noir, nous pourrons leur dire d'adopter Jésus. Ses bras sont toujours accueillants». Une semaine plus tard, Betsy mourait. Deux semaines plus tard, j'étais libérée.

«Chrétiens, craignez-vous la souffrance? N'ayez plus peur. Savez-vous que Paul a déjà dit, dans sa deuxième épître aux Thessaloniciens (1,3-5): «Nous devons rendre grâces à Dieu en tout temps à votre sujet, frères (...) de votre constance et de votre foi dans toutes les persécutions et tribulations que vous supportez (...) vous serez trouvés dignes du Royaume de Dieu pour lequel vous souffrez vous aussi». N'ayez pas peur, car Dieu ne nous a pas donné un esprit de crainte, mais un esprit d'amour et de puissance, s'accompagnant d'un esprit sain.

«Je me souviens de l'époque où j'étais petite fille. J'ai dit un jour à mon père: «Papa, j'ai peur de n'être jamais assez forte pour être martyre pour Jésus». Mon père me répondit: «Corrie, lorsque tu prévois faire un voyage en train, quand est-ce que je te donne l'argent pour payer ton billet? Trois semaines d'avance?» «Non, papa. Le jour de mon départ». Mon père me dit alors:

«C'est ce que Dieu fait. Aujourd'hui tu n'as pas besoin d'avoir la force de souffrir pour Jésus, mais au moment où Il te fera l'honneur de souffrir pour Lui, Il te donnera aussi toute la force nécessaire.» Cette réponse m'a satisfaite et je suis retournée jouer avec mes poupées. Dans les livres que j'ai écrits, j'ai raconté comment le Seigneur m'a donné la force et toute sa grâce lorsque j'ai été persécutée et j'ai subi de terribles souffrances.

«Récemment, alors qu'il était encore possible mais presque dangereux d'entrer en Chine, on a demandé à une missionnaire: «N'avez-vous pas peur?» Elle a répondu: «Je ne crains qu'une chose: devenir un grain de blé qui ne veut pas mourir.» Cela est bien. J'espère que vous êtes aussi de cet avis. Je sais que le Seigneur possède toute la puissance et la force qu'il vous faut. Oui, cela est aussi le cas pour vous, jeunes chrétiens.

«Vous dites-vous que vos problèmes subsistent lorsque Jésus est à vos côtés? Savez-vous pourquoi vous pensez cela? Parce que vous n'avez jamais essayé de travailler avec Jésus. Essayez. Donnez-vous à Jésus. Ouvrez-Lui votre cœur. «Voici, je me tiens à la porte et je frappe; si quelqu'un entend ma voix et ouvre la porte, j'entrerai chez lui pour souper, moi près de lui et lui près de moi». (Apocalypse 3,20)

«Avez-vous entendu sa voix ce matin? Quand direz-vous: «Oui, Seigneur, entrez»? Il entrera. Il ne vous laissera pas tomber. Si vous devez traverser des moments dangereux et difficiles, n'ayez pas peur, car Jésus est la victoire et le sera toujours. Il est prêt à faire de vous et moi plus que des conquérants!»

TRAVERSEZ EN VAINQUEUR TOUTES LES PHASES

Et maintenant, pour conserver une attitude positive, pour être heureux, dans les situations difficiles, rappelez-vous que «cela aussi est temporaire». La persécution n'est jamais éternelle. Pour vous remettre de la persécution, soyez prêt à traverser trois phases. La première phase est celle de la *collision*. C'est la phase qui intervient lorsque la terrible réalité de la situation vous frappe. Votre paix d'esprit fait soudainement place aux conflits. C'est le moment où vous vous rendez compte que cette chose horrible qui vous est arrivée n'est pas un rêve. Cela vous est vraiment arrivé... à vous!

La deuxième phase est celle du *repli*. Lorsque vous parlez de peur, de culpabilité, de haine ou de colère, toutes ces émotions sont des expressions de la tendance à vous retirer, à vous replier sur vous-même, à refuser d'accepter l'horrible réalité.

La collision constitue la première étape. Le repli est la deuxième. La troisième phase est celle de l'adaptation. Lors de cette troisième phase, vous apprenez enfin comment vous adapter à votre perte. Vous ne pouvez atteindre cette phase qu'en comprenant d'où vous venez et qui vous a donné ce que vous avez.

«Le Seigneur donna..». Tout ce que vous avez provient de Dieu. Vous devez votre vie même à Dieu. Mais il ne s'agit pas d'un don. La vie n'est pas un don de Dieu; elle est une manifestation sacrée de sa confiance!

L'histoire a été rapportée dans les journaux. Il s'agit de la tragédie vécue par le petit David Rothenberg, que son père malade a tenté d'immoler par le feu. David a subi des brûlures au troisième degré sur la quasi-totalité de son corps, y compris sa tête et son visage. Il a perdu la plupart de ses doigts. Mais il est vivant, et cela est miraculeux!

C'est un honneur pour moi que de compter David et Marie, sa remarquable mère, au nombre de mes amis. Je ne connais personne qui ait été aussi persécuté que David. Cependant, lorsque j'ai fait sa connaissance, j'ai vu une lueur dans son regard. Il y avait de l'humour dans sa voix. Malgré les infirmités avec lesquelles David devra vivre toute sa vie, sans compter les séquelles émotionnelles qui le suivront toujours, l'enfant est un formidable exemple de courage.

Bien sûr, sa mère a beaucoup de mérite à ce sujet. Jamais je n'oublierai le jour où elle m'a dit: «Docteur Schuller, il m'a fallu trois jours après l'incendie pour être capable de confier David à Dieu. Cela est attribuable au fait que, pendant ces trois jours, je me demandais si Davy devait vivre ou mourir. Je me demandais s'il n'était pas injuste de lui imposer de vivre avec de telles blessures. Mais lorsque je me suis tournée vers Dieu et j'ai remis Davy entre ses mains, j'ai su que je pourrais accepter la volonté de Dieu; il allait choisir ce qu'il y avait de mieux pour Davy. Aujourd'hui, bien sûr, je suis très heureuse que David ait vécu. Je crois qu'il a été une formidable source d'inspiration pour des millions de personnes à travers le pays. Il a été un exemple de courage et de foi. En fait, il a accru ma foi en Dieu. Grâce à Davy, je sais que Dieu ne nous en donne jamais plus que nous pouvons en supporter».

Marie m'a aussi raconté à quel point David a apprécié que Judy Curtis, son amie, lui lise les passages du Nouveau Testament portant sur la Passion de Jésus. David a dit à Judy: «Ils ont fait cela à Jésus, et Il n'avait rien fait de mal!» David pouvait comprendre Jésus, et il aime Jésus.

J'ai été heureux de pouvoir remettre à David ma récompense «Scars into Stars (Cicatrices en étoiles)» que mon église a déjà remis à Art Linkletter et Della Reese. C'était la troisième fois dans l'histoire de l'église que je remettais cette récompense. Il s'agit d'une assiette en argent. À l'intention de David, nous y avions inscrit ces mots:

«La récompense Scars into Stars présentée à David Rothenberg à la Cathédrale de Cristal, le dimanche 4 novembre 1984, parce qu'il a transformé sa tragédie en un miracle de triomphe en enseignant à des millions de gens la signification du courage en dépit de douleurs et de souffrances incroyables; la signification du pardon en dépit d'une incroyable provocation; et la façon de faire d'une cicatrice une étoile en acceptant Jésus-Christ comme Seigneur et Sauveur».

C'est possible! Quelle que soit l'ampleur, la profondeur ou la gravité de la souffrance, il suffit de remettre nos épreuves entre les mains de Jésus pour qu'Il en fasse des triomphes! Il peut réaliser l'impossible. Il peut faire des miracles. Et Il peut nous aider à traverser les phases de la collision et du repli pour nous conduire à la phase de l'acceptation, à condition qu'on Lui fasse confiance.

J'ai d'abord connu Rita Nightingale, une adorable jeune anglaise, à travers son livre intitulé *Freed for Life**. Son histoire est poignante et incroyable.

L'histoire de Rita a commencé à Bangkok, en Thaïlande. Elle s'apprêtait à prendre l'avion à destination de Paris lors qu'elle fut prise à l'écart par un policier. Cela ne lui faisait pas peur. Elle n'avait rien à cacher; du moins elle le croyait. On la conduisit dans une pièce pleine de soldats armés jusqu'aux dents. On vida toutes ses valises. Elle ne craignait toujours rien. Puis on entreprit de déchirer le sac que son ami lui avait remis à Hong Kong, et on en tira plusieurs petits colis. On lui dit qu'il s'agissait d'héroïne.

---

* Wheaton: Tyndale House, 1983.

À compter de ce moment, on cessa complètement de parler à Rita. Elle était surprise et elle avait peur, parce que soudain tout le monde refusait de lui parler en anglais. La langue utilisée lui était totalement inconnue. Elle se retrouva bientôt dans une cellule.

Rita admet qu'elle avait jusque-là vécu une vie d'aventures, mais qu'elle n'avait jamais pensé se retrouver un jour en prison. De jeune fille vivant dans un luxe relatif à Hong-Kong, elle se retrouvait dans une cellule en Thaïlande.

Le luxe était une chose, la drogue une autre. Rita n'avait jamais rien eu à voir avec les drogues dures. L'héroïne était une surprise renversante pour elle. Elle en ignorait la présence, alors quelqu'un d'autre était certainement responsable.

Il lui fut impossible de convaincre la police thaïlandaise de son innocence. La Cour trancha en faveur de la version policière. Elle avait été trouvée en possession d'héroïne et le reste importait peu.

Rita fut condamnée à 20 ans de prison. Les conditions y étaient primitives: 30 femmes dans une cellule de 2,74 m X 4,57 m. Elles dormaient côte à côte sur le plancher de bois, avec les souris et les blattes.

Vous pouvez imaginer la rage et l'amertume que Rita a ressenties lorsqu'elle a réalisé ce qui lui arrivait. Elle avait été bernée par son ami, alors qu'elle croyait que celui-ci se souciait de son bien-être. La pensée de perdre les 20 prochaines années de sa vie était réelle. Sa rage s'étendit bientôt au monde entier, et même aux avocats et aux personnages officiels de l'ambassade qui tentaient de lui venir en aide.

Lorsqu'une femme lui rendit visite en prison et lui dit que Dieu l'aimait, Rita se mit en colère.

«Comment Dieu peut-il permettre que cela m'arrive s'Il m'aime à ce point? S'Il m'aimait, je ne serais pas ici!»

Puis Rita eut une autre visite, celle d'une vieille dame, une septuagénaire, qui habitait la ville où Rita était née. Rita n'arrivait pas à croire que cette gentille vieille dame était venue d'Angleterre à Bangkok pour lui parler.

Lorsqu'elle entendit l'accent du Lancashire, Rita fondit en larmes. C'était émouvant pour la jeune femme, qui avait vécu à la dure au cours des derniers mois.

Après le départ de la vieille dame, Rita se demandait sans arrêt: «Pourquoi?»

Sa visiteuse lui avait laissé un livre, intitulé *The Reason Why*. Rita y lut de nouveau les paroles de Jésus. Même si elle avait déjà entendu parler de Jésus, cela ne l'avait jamais touchée personnellement. En lisant le livre, elle se mit à réfléchir à tout ce qu'elle avait toujours voulu: l'excitation, la vie nocturne, les casinos. Elle avait connu tout cela, mais quelque chose lui manquait.

Il fallut la prison pour que Dieu puisse ouvrir les yeux de Rita Nightingale. Elle comprit soudain que Jésus était Celui qu'Il disait être, alors elle Lui offrit sa vie.

Très secouée par l'émotion lorsqu'elle offrit sa vie à Dieu, Rita se retira dans le seul lieu privé de la prison: sous le plancher de l'hôpital. Tout était construit sur pilotis, mais nul n'allait jamais là par peur des serpents. C'est là, sous la hutte en compagnie des serpents, que Rita ouvrit les yeux à la réalité de la vie éternelle. Là, repliée sur elle-même dans l'obscurité, elle pria et accepta Jésus-Christ comme ami personnel, son Seigneur, son Dieu, son Sauveur.

Rita remarqua très vite que son attitude avait complètement changé. Dieu n'avait pas changé sa situation, mais Il avait commencé à transformer Rita et son attitude à l'égard de sa situation.

Soudain, un jour, elle apprit qu'on lui avait accordé un pardon. On ne lui fournit aucune raison; le pardon lui était pour ainsi dire tombé du ciel. Rita attribue cela aux chrétiens qui, partout dans le monde, priaient pour elle.

Elle prit connaissance de son pardon à travers les informations. Cela rendit la chose officielle. On précisa aussi que la situation était unique. Jamais auparavant un importateur de drogue n'avait bénéficié d'un pardon du roi de la Thaïlande.

Le lendemain du jour où on lui avait accordé son pardon, elle vit s'ouvrir les portes de la prison et se retrouva libre. Aujourd'hui, Rita est une très belle chrétienne nouvellement convertie. Elle travaille en Angleterre pour Chuck Colson, qui sème le Verbe de Dieu dans les prisons.

LES BÉATITUDES, LES ATTITUDES POUR ÊTRE HEUREUX

Elles ont été enseignées par un seul homme.

Elles ont été vécues par un homme qui demeure le meilleur exemple qui soit pour ce qui est de faire face à la persécution.

Il a vécu dans la persécution. Il est mort victime de la persécution. Il est ressuscité à la suite de sa persécution. Si vous voulez trouver le bonheur, réel, profond, durable, concluez vos leçons sur les attitudes pour être heureux en vous familiarisant davantage avec cet homme qui les a écrites et les a vécues: Jésus-Christ. Je l'ai qualifié de *plus grand penseur axé sur la possibilité qui ait jamais vécu.*

Jésus aurait dû, plus que quiconque, axer sa pensée sur l'impossibilité. Rien ne lui a été facile.

Jésus faisait partie d'une minorité méprisée, était citoyen d'un pays occupé, était une quantité négligeable aux yeux des Romains, était la risée du pouvoir en place et constituait une nuisance pour ses compatriotes.

Dieu
aura le dernier mot et
ce sera pour le mieux!

Jésus était entouré de gens opprimés, cyniques et amers!

Les taxes étaient excessives.

On ne connaissait pas la liberté.

La survie était incertaine.

La religion était restrictive, négative et austère.

Pourtant, Jésus n'a jamais tenu un discours politique enflammé, n'a jamais organisé de guérilla et n'a jamais dirigé une marche sur Jérusalem ou Rome.

Jésus était de Nazareth, une ville réputée pour sa piètre vie culturelle et sa corruption morale. On entendait souvent les gens dire: «Quelque chose de bon peut-il sortir de Nazareth?»

Jésus n'avait pas beaucoup étudié. Ses connaissances étaient simples. Dans la Bible, on ne le voit écrire qu'une fois... dans le sable.

Jésus n'avait pas d'organisation. Ses disciples étaient des hommes à l'élocution hésitante et aux mains rudes. C'était des hommes sans culture, illettrés, peu raffinés, ignorants et pauvres. De bien des façons, dans les moments difficiles, ils se sont montrés instables, incertains, peu fiables et décevants.

Oui, Jésus a connu l'ingratitude, le rejet, les malentendus et la trahison.

Selon toutes les lois psychologiques du développement humain, Jésus aurait dû, à la fin de sa vie, juger ses semblables, se montrer critique, frustré, colérique, incrédule, cynique, rebelle, porté vers la violence, peu à l'écoute de ses émotions et être un militant révolutionnaire radical!

Jésus est demeuré célibataire toute sa vie. Il a ainsi été privé de l'encouragement, du réconfort et de la compagnie d'une femme et d'enfants. Dans une société où les enfants sont le bien le plus précieux d'un homme, il est mort sans jamais avoir donné naissance à une fille ou à un fils.

Réfléchissez à sa mort.

Jésus n'avait que 33 ans! Il était si jeune. Il est mort avant sa mère! On ne lui a même pas accordé un demi-siècle pour faire sa marque, écrire ses livres, ériger son empire et conquérir le monde.

Cela aurait dû à tout le moins le rendre négatif et amer, et le porter à dire:

«Ce n'est pas juste!»

«Je suis trop jeune pour mourir!»

«Mon Dieu, accorde-moi plus de temps!»

Où était son Père céleste au moment où Il en avait le plus besoin?

Toute sa vie, Jésus a été bon, aimant et très religieux. Le jour du sabbat, il était toujours à la synagogue. Les Saintes Écritures, Il adorait les lire. La prière? Sa vie a été une constante prière!

Jésus.

Il a vraiment aimé son Père céleste.

Il a vraiment fait confiance à son Père céleste.

Il a vraiment servi son Père céleste.

Jésus. Lorsqu'Il était en croix, lorsqu'Il avait le plus besoin de son Dieu, Dieu semblait l'avoir abandonné.

Jésus a été persécuté. Il a été flagellé, Il a été tourné en dérision, Il a été rejeté, Il a été crucifié, et pourtant Il n'a jamais manifesté la moindre amertume. Alors qu'Il était en croix, Il a dit: «Pardonne-leur, car ils ne savent ce qu'ils font».

Pour Jésus, tout problème dissimulait une possibilité.

La maladie était une occasion de guérison.

Le péché était une occasion de miséricorde.

Le chagrin était une occasion de compassion.

Les affronts personnels étaient des occasions de laisser une bonne impression et de montrer au monde comment réagissent les gens qui font appel à la pensée positive!

Pour Jésus, chaque personne était une mine de possibilités cachées.

Pierre? Un pêcheur qui parlait durement. Mais il pouvait être le grand leader d'une grande et nouvelle église.

Marie-Madeleine? Une vulgaire prostituée. Mais elle avait une âme sensible et douce. Elle pourrait un jour oindre son corps avant l'enterrement.

Matthieu? Un vulgaire matérialiste. Mais il avait le potentiel lui permettant de devenir un grand auteur et même d'écrire un évangile!

Pour Jésus, ce qui importe à propos de vous et moi n'est pas le fait que nous soyons des pécheurs, mais le fait que nous puissions devenir des saints. Alors Jésus a proclamé la plus grande possibilité qui soit: l'incommensurable MISÉRICORDE DE DIEU!

Pour Jésus, le monde entier était débordant de possibilités dormantes! Jésus croyait vraiment en ces suprêmes possibilités!

L'homme peut renaître!

Le caractère peut changer!

Vous pouvez devenir une merveilleuse personne!

La vie peut être merveilleuse!

Tout problème a une solution!

Toute ombre cache de la lumière!

Oui! Jésus avait une inébranlable foi en ces ultimes possibilités:

Dieu existe!

La vie va au-delà de la mort!

Le paradis existe vraiment!

Jésus était prêt à le prouver. En mourant, puis en ressuscitant!

Jésus était impressionné par ce que le monde pouvait devenir, et n'était jamais déprimé par ce que le monde était.

Il croyait vraiment que les gens ordinaires peuvent acquérir une puissance hors du commun. Il savait, sans l'ombre d'un doute, que les gens ordinaires peuvent devenir des gens extraordinaires en axant leur pensée sur la possibilité.

Alors Jésus s'est donné pour objectif de donner de l'assurance aux gens souffrant d'un complexe d'infériorité. Il a permis aux gens qui souffrent de culpabilité, qui craignent les échecs et ont du mal à résoudre les problèmes de commencer à s'aimer et de cesser de se haïr!

Il a aussi donné de l'espoir aux désespérés, du réconfort aux inconsolables, et de la miséricorde aux gens qui voyaient s'écrouler leur monde autour d'eux. Il leur a donné une vie d'abondance et le secret du bonheur par le biais des béatitudes:

«Heureux les pauvres en esprit, car le Royaume des Cieux est à eux».

«Heureux les affligés, car ils seront consolés».

«Heureux *les doux*, car *ils recevront la terre en héritage*».

«Heureux les affamés et assoiffés de justice, car ils seront rassasiés».

«Heureux les miséricordieux, car ils obtiendront miséricorde».

«Heureux les cœurs purs, car ils verront Dieu».

«Heureux les artisans de paix, car ils seront appelés fils de Dieu».

«Heureux les persécutés pour la justice, car le Royaume des Cieux est à eux». «Heureux êtes-vous si l'on vous insulte, si l'on vous persécute et si l'on vous calomnie de toutes manières à cause de moi. Soyez dans la joie et l'allégresse, car votre récompense sera grande dans les cieux».

Lorsque Jésus a prononcé ces mots, pensait-il à la persécution qui l'attendait? Oui, bien sûr, car il est certain que nul n'a été aussi persécuté que Jésus. Il est certain que nous sommes les disciples d'un capitaine qui porte des cicatrices. Il ne nous conduit que là où Il est Lui-même allé.

Jésus a enduré les persécutions de la flagellation, de la couronne d'épines, des clous enfoncés dans ses mains et ses pieds. Il a subi l'une des morts les plus douloureuses: la crucifixion. Il a aussi subi des persécutions émotionnelles: Il a été tourné en dérision par les Romains qui lui ont jeté un vêtement ridicule sur les épaules; on a mis en haut de la croix une inscription sur laquelle on pouvait lire: «Voici le roi des Juifs». Lorsqu'Il a demandé à boire, on l'a ridiculisé encore plus en Lui présentant une éponge imbibée de vinaigre, puis on a ri de ses réactions.

Toute sa vie, Il a subi la persécution de la solitude. Il a vécu seul. Le soir précédant son arrestation, Jésus a prié dans le Jardin des Oliviers. Aucun de ses apôtres, pas même un sur douze, n'est resté éveillé pour prier avec Lui et le réconforter au moment où Il en avait le plus besoin. Et lorsqu'Il a été arrêté, trahi par le baiser de Judas, qu'Il aimait et comptait au nombre de ses amis les plus intimes, les autres apôtres se sont enfuis et ont même nié le connaître.

Jésus a été arrêté, a subi un procès et a été accusé de blasphème. Ne prétendait-Il pas être le Messie? Ne donnait-Il pas à tout le moins aux gens l'impression qu'Il était le fils de Dieu? Lors de son procès public, on l'a mis au défi de nier ce fait, de renoncer à ses déclarations blasphématoires et de mettre un terme à la confusion des gens simples qui voyaient en Lui un Dieu venu sur terre sous une apparence humaine.

Mais Il ne pouvait mentir, alors Il a gardé le silence. Le verdict était prévisible: la mort par crucifixion! Une foule s'est réunie pour voir comment mourrait une personne dont la pensée est axée sur la possibilité. Comment est-Il mort? Il est mort en voyant et en saisissant les possibilités du moment! Il a mis en pratique ce qu'Il avait prêché toute sa vie! Il a transformé son enfer en paradis. Car Il a saisi la chance de sauver l'âme d'un voleur crucifié à ses côtés.

C'était là une fantastique occasion de montrer aux hommes et aux femmes des générations à venir que la mort peut être un grand rapprochement avec Dieu, que les cicatrices peuvent se transformer en étoiles!

Aujourd'hui, la croix est le symbole positif de la religion la plus pour être heureux que l'on puisse trouver dans le monde. Persécuté? Vous et moi pouvons choisir d'être heureux quoi qu'il arrive! Car nous croyons que Jésus est ressuscité le matin de Pâques! Je crois personnellement que Jésus-Christ est vivant en ce moment même!

Quel sens ont la persécution, la crucifixion et la résurrection du Christ pour nous? Si nous permettons au Christ de vivre en nous, il nous sera possible de:

- Transformer nos problèmes en occasions de réussite.
- Saisir les occasions qui s'offrent et réussir!
- Caresser de grands rêves et les réaliser!
- Passer de la jalousie et de l'apitoiement sur notre sort au souci du bien-être des gens qui souffrent bien plus que nous.
- Retrouver nos espoirs déçus et recommencer!
- Déceler les grandes possibilités que recèlent les gens peu attirants.
- Devenir une personne merveilleuse... comme Jésus!

Maintenant que vous avez étudié les huit attitudes pour être heureux, permettez-moi de vous poser une dernière question: *Êtes-vous vraiment heureux*?

Le bonheur: cette force intérieure profonde faite de courage, de foi, d'espoir et de paix. Mélangez tout cela, et vous obtenez le bonheur!

Le bonheur: le courage de persévérer malgré les grandes difficultés!

Le bonheur: l'espoir que, même si vous ne voyez que de l'ombre, un jour les nuages se dissiperont et le soleil brillera de nouveau!

Le bonheur: le sentiment tranquille de l'estime de soi que vous ressentez lorsque vous avez fait de votre mieux.

Le bonheur: l'assurance que vous avez su pardonner et vous montrer bon, tant avec vos ennemis qu'avec vos amis.

Le bonheur: l'assurance tranquille que Dieu vous pardonnera et fera preuve de bonté à votre endroit.

Le bonheur: la merveilleuse conviction que cette vie, quelles que soient ses difficultés, n'est pas votre destination finale.

Votre vie ici, sur cette terre, n'est qu'un pèlerinage. Le paradis, la vie aux côtés de Jésus, est votre éternelle destinée.

«Je vais être heureuse dès aujourd'hui!
Même si le ciel est nuageux et gris.
Quoi qu'il m'arrive,
Je vais être heureuse aujourd'hui![*]»

---

* Ella Wheeler Wilcox.

Dans le christianisme, nous parlons d'engagement envers Jésus-Christ. En nous engageant ainsi, nous hissons la voile de la foi. Nous naviguons et nous faisons ce voyage dans notre petit navire sur l'océan turbulent de la vie. Mais n'oubliez pas ceci: nulle voile n'a jamais fait avancer un navire. *C'est le vent qui fait avancer le navire.* La voile ne fait que recueillir le vent.

Je vous demande maintenant de hisser la voile de la foi et vous canaliserez la puissance de l'esprit de Dieu.

Maintenant que vous avez hissé cette voile de la foi, laissez-la flotter, même lorsque vous connaissez des moments difficiles au plan spirituel. Lorsque Dieu le jugera bon, Il fera renaître le vent. De nouveaux sentiments positifs remplaceront alors vos vieilles émotions grises, ennuyeuses et déprimantes. Un nouvel enthousiasme pour la vie vous envahira comme une brise fraîche. Vous ferez l'expérience d'une joie, d'une énergie et d'un emballement nouveaux.

Voici comment vous y prendre; récitez cette simple prière: «Jésus, j'ai besoin d'un ami pour traverser la vie. Je te demande maintenant d'être mon meilleur ami et de toujours me garder à l'esprit les attitudes pour être heureux. Amen».

Que Notre-Seigneur
vous fasse la surprise
d'une joie inattendue
avant chaque lever
de soleil de votre vie!

CHEZ LE MÊME ÉDITEUR

Dans la même collection

Arrêtez d'avoir peur et croyez au succès!, Jean-Guy Leboeuf
Attitude d'un gagnant, Denis Waitley
Attitudes pour être heureux, huit attitudes positives pour transformer votre vie, Robert H. Schuller
Comment se fixer des buts et les atteindre, Jack Addington
Comment contrôler votre temps et votre vie, Alan Lakein
Devenez la personne que vous rêvez d'être, Robert H. Schuller
Lois dynamiques de la prospérité (Les), Catherine Ponder
Magie de voir grand (La), David J. Schwartz
Pensée positive (La), Norman Vincent Peale
Plus grand miracle du monde (Le), Og Mandino
Quand on veut, on peut!, Norman Vincent Peale
Rendez-vous au sommet, Zig Ziglar
S'aimer soi-même, Robert H. Schuller

En vente chez votre libraire ou à la maison d'édition
Prix sujets à changement sans préavis

Si vous désirez obtenir le catalogue de nos parutions,
écrivez-nous à l'adresse suivante:
Les éditions Un monde différent ltée
3925, Grande-Allée
Saint-Hubert (Québec), Canada J4T 2V8
ou composez le (514) 656-2660

imprimerie gagné ltée

IMPRIMÉ AU CANADA